National Defense Education Review

# 国防教育研究
## 2017

《国防教育研究》编委会 编

- ◆ 国防教育问题：国防教育学研究对象新论
- ◆ 新形势下高校国防教育基本规律探析
- ◆ 近十年我国国防教育研究回顾与展望
- ◆ 新形势下学生军训工作创新发展思考
- ◆ 加速建立"国防教育学"学科的思考
- ◆ 学校国防教育师资建设的理论和制度安排
- ◆ 高校国防教育教师"学习共同体"构建
- ◆ 高校国防教育课程评价的基本问题

时事出版社
北京

图书在版编目（CIP）数据

国防教育研究.2017/《国防教育研究》编委会编.—北京：时事出版社，2018.7
ISBN 978-7-5195-0208-9

Ⅰ.①国… Ⅱ.①陈… Ⅲ.①国防教育—教学研究—高等学校—文集 Ⅳ.①G641.8-53

中国版本图书馆 CIP 数据核字（2018）第 066724 号

出 版 发 行：时事出版社
地　　　　址：北京市海淀区万寿寺甲 2 号
邮　　　编：100081
发 行 热 线：（010）88547590　88547591
读者服务部：（010）88547595
传　　　真：（010）88547592
电 子 邮 箱：shishichubanshe@sina.com
网　　　址：www.shishishe.com
印　　　刷：北京朝阳印刷厂有限责任公司

开本：787×1092　1/16　印张：10　字数：170 千字
2018 年 7 月第 1 版　2018 年 7 月第 1 次印刷
定价：78.00 元
（如有印装质量问题，请与本社发行部联系调换）

## 国防教育研究 2017

编写单位　全国国防教育与学生军训协同创新联盟
　　　　　全国国防教育与学生军训协同创新研究基地
　　　　　中央财经大学国防经济与管理研究院

编委会　　陈　波　苗禄权　李先德　龚泗淇　王小敏
　　　　　庞　民　尹建平　崔云峰　杨　新　谢素蓉
　　　　　王欣涛　郭子珂　李延荃　房　兵　刘义昌
　　　　　侯　娜　白　丹　王沙骋　张海燕

主　编　　陈　波
副主编　　侯　娜　白　丹
执行主编　王沙骋
编　辑　　郝朝艳　余冬平　刘建伟　池志培　王萍萍
　　　　　李玲玲　蔺玄晋　徐东波　彭荣础　赵中华
　　　　　叶　欣　李　瑾　昝金生　盛　夏　杨千里

**教育部哲学社会科学研究重大课题攻关项目**

"新时期学校国防教育和学生军训工作体系建设研究"（14JZD052）资助

全国军地国防教育与学生军训协同创新研究基地支持项目

# 卷首语

兵者，国之大事，死生之地，存亡之道，不可不察也。

国防教育是关系国家生死存亡的社会工程，是建设和巩固国防的基础，是增强民族凝聚力、提高全民素质的重要途径。学校国防教育是全民国防教育的重要组成部分，是国家培养现代化人才的战略性举措。在学校尤其是普通高等学校设置军事课程，进行学生军事训练，是《中华人民共和国国防法》《中华人民共和国兵役法》《中华人民共和国国防教育法》等赋予普通高等学校的神圣职责，是适应国家高等教育发展和提升人才综合国防素养的需要，也是世界各国的通行做法。

天下虽安，忘战必危。尽管和平与发展仍是时代的主题，但全球性挑战日益增多，新的安全威胁因素不断出现，局部战争和武装冲突时有发生，天下仍不太平。作为世界上最大的发展中国家，中国仍面临多元复杂的安全威胁，生存安全与发展安全互为影响、传统安全与非传统安全威胁相互交织，维护国家统一、领土完整、发展利益的任务艰巨繁重，加强国防教育特别是学校国防教育和学生军训任重而道远……

为了加强国防教育和学生军训教学和科研水平，我们从今年起陆续编辑出版《国防教育研究》，主要关注学校国防教育、学生军训等领域，亦兼顾全民国防教育研究，着力刊载学校国防教育、学生军训和全民国防教育领域重大理论与现实问题研究成果，倡导规范、严谨的研究方法，鼓励和经验研究相结合的学术取向，为本领域学者、其他学术同行和感兴趣的读者提供高水平的学术交流平台。

为办好《国防教育研究》，欢迎大家多提意见建议。海纳百川，有容乃大，让我们携起手来把《国防教育研究》办得越来越好。

编委会

2018 年 2 月

# 目 录 CONTENTS

**国防教育问题**
——国防教育学研究对象新论 …………………………… 彭荣础/1

**新形势下高校国防教育基本规律探析** ………………… 杨千里/19

**近十年我国国防教育研究回顾与展望**
——基于 CNKI（2007—2016 年）的文献综述 ………… 范双利/34

**"强军梦"统领下的大学生军训改革路径探索**
——基于重庆市五所高校 2685 份调查问卷的
　调研报告 ………………………… 姜春英　朱华光　雷选标/52

**新形势下学生军训工作创新发展思考** ………………… 李剑利/69

**大学生国防观念内涵及培育问题**
　研究 ………………… 卢　伟　陈　震　柳艳鸿　魏莎莎/79

**加速建立"国防教育学"学科的思考** …………………… 杨　新/89

**学校国防教育师资建设的理论和制度安排** …………… 徐东波/101

高校国防教育教师"学习共同体"构建
　　——突破教师发展困境的有效途径 ………… 谢素蓉　陈秋惠/117

高校国防教育课程评价的基本问题 ………………………… 胡勇胜/129

国防教育通识课传统教学和"慕课"教学的比较
　　——以黑龙江大学"东北亚安全局势"课程为例 ………… 尚晓军/141

# 国防教育问题

## ——国防教育学研究对象新论

彭荣础[*]

**摘　要**：国防教育学的创生必须申明学科自身的研究对象。国防教育问题作为国防教育学研究对象，具有教育学、科学哲学以及哲学认识论转换的理论基础。国防教育问题作为学科研究对象具有全民性、普遍性、复合性。将国防教育问题设定为国防教育学研究对象，有助于国防教育学科地位、学科主体及学科研究方法的发展提升。

**关键词**：国防教育问题；国防教育学；研究对象

能否明晰界定国防教育学的研究对象，直接影响国防教育的学科化进程。著名教育哲学家黄济先生指出："研究任何一门科学，必须首先申明这门科学的研究对象，它特定的研究范围和领域。否则，这门科学便不能

---

[*] 作者简介：彭荣础（1979年—），男，广东信宜人，厦门大学军事教研室助理教授，博士，主要从事国防教育方面研究。

基金项目：福建省教育规划项目"特色国防教育项目：美国中小学开展国防教育途径探究"（FJCGZZ－20）；教育部哲学社会科学研究重大课题攻关项目"新时期学校国防教育和学生军训工作体系建设研究"（14JZD052）。

成立。"[1] 将国防教育问题作为国防教育学研究对象，是为了进一步加快国防教育学的创生，也是对国防教育学研究对象的新探索。教育学关于研究对象的探讨构成了国防教育问题作为国防教育学研究对象的最直接理论基础。科学哲学的问题论和哲学的建构论是国防教育问题作为国防教育学研究对象的间接理论来源。设定国防教育问题作为国防教育学研究对象，其意义不只是对教育学的追随和模仿，而更在于其内在的国防教育学创生和发展价值。

## 一、国防教育问题作为国防教育学研究对象的理论基础

### （一）教育学研究对象的"教育问题说"

国内教育学界将教育问题设定为教育学研究对象源于日本学者及其著作的影响。1984年，国内翻译出版了日本学者大河内一男等编著的《教育学的理论问题》。作为本书编者之一，日本学者村井实在对教育学的研究对象进行全面系统的梳理后，提出不能把教育现象作为教育学的研究对象，因为"教育现象"的提法含糊不清，而唯有以"教育问题"为研究对象，教育学才能成为科学，并把教育学定义为"研究教育问题的科学"。[2] 国内大批学者对这一观点进行了深入评介和阐发，尝试将"教育问题"设定为教育学的研究对象。著名教育学者陈桂生在梳理了十种关于教育学研究对象的陈述指出："所以，教育的科学研究，虽然像是从观察教育事实开始，其实是从对'教育问题'的关注开始，是出于对教育情境如何、教育目的如何、教育手段如何、教育手段与教育目的的关系如何、教育效果如何之类的教育问题的关注，并力图检验有关这类问题的原有假设。或谓'教育问题'是在观察教育现象过程中才发生的，其实在观察过程中所发生的'问题'，正是同检验原有假设相关的问题。"在此基础上，他判定：

---

[1] 黄济：《教育哲学通论》，山西教育出版社，2004年版，第314页。
[2] 大河内一男著，曲程译：《教育学的理论问题》，教育科学出版社，1984年版，第32页。

"唯有村井实的陈述,反映了现代'研究对象'观念。"① 据此,他明确表明自己的立场:"如果要对'教育学的研究对象'问题有一个一般的回答,还是以采用'教育问题'的表述最为恰当。"② 而这已为教育学的历史发展所确证:"分析历史上的教育学,我们可以看到,教育学不是随意思考的结果,而是教育家有意识的自觉研究教育问题所获得的知识和观念的体系。著名的教育家总是立足于他生活的那个时代,有意改变教育现状而发现和提出教育问题,用他们自己的方法进行持续研究,才写成富有创造性的教育名著。可见,教育问题是教育学的研究对象。"③

除陈桂生之外,同一时期的著名教育学者如成有信、孙喜亭等在教育学研究对象设定上,也实现了从"教育现象说"到"教育问题说"的转换或部分转换。如成有信就提出:"教育学科群整体的研究对象是整个教育问题。某类教育学科的对象是某类教育问题。某门教育学科的对象是某种教育问题。"④ 孙喜亭则指出:"教育学的对象应是以教育事实为基础的教育中的一般问题,教育学是研究教育中一般性问题的科学。"⑤ 在这些知名教育学者的推动下,"教育问题"作为教育学研究对象渐入人心。在教育学研究对象设定上,"教育问题说"与"教育现象说"是目前最具影响力的观念。国防教育既然可以将"教育现象说"进行迁移,引申出国防教育学研究对象的"国防教育现象说",那么,同样也可以将"教育问题说"替换为"国防教育问题说",将国防教育问题设定为国防教育学研究对象。

## (二) 科学哲学的问题论

教育学将教育问题设定为研究对象,其灵感很大一部分来自于科学哲

---

① 陈桂生:《教育学的建构》,华东师范大学出版社,2008年版,第8页。
② 陈桂生:《"教育学"辩——"元教育学"的探索》,福建教育出版社,1998年版,第43页。
③ 陈桂生:《"教育学"辩——"元教育学"的探索》,福建教育出版社,1998年版,第44页。
④ 成有信:《教育学的对象及其两个相关问题》,载《北京师范大学学报(社会科学版)》,1992年第6期。
⑤ 孙喜亭:《教育学问题研究概述》,天津教育出版社,1989年版,第13页。

学对问题的重视。而这也构成了国防教育将国防教育问题作为研究对象的重要理论基础。爱因斯坦曾指出:"提出一个问题往往比解决一个问题更重要,因为解决一个问题也许仅是一个数学上或实验上的技能而已。而提出新的问题、新的可能性,从新的角度去看旧的问题,却需要有创造性的想象力,而且标志着科学的真正进步。"① 这一观点为著名科学哲学家波普尔所继承并系统化。波普尔曾坦言:"爱因斯坦对我思想的影响是极其巨大的。我甚至可以说,我所做的工作主要就是使暗含在爱因斯坦工作中的某些论点明确化。"② 追随爱因斯坦的脚步,"他认为科学理论不是起源于经验观察,不是一批观察命题和推理的总和,而是起源于问题,它本身不过是假设和猜想"。③ 波普尔强调:"科学只能从问题开始。问题会突然发生,当我们的预期落空或我们的理论陷入困难、矛盾之中时,尤其是这样","科学和知识的增长永远始于问题,终于问题——愈来愈深化的问题,愈来愈能启发大量新问题的问题"。④

尽管波普尔因过分强调猜想和证伪而受到库恩等学者的批判,但他把问题作为科学的起始和研究对象为后来许多学者所认可。库恩的科学范式理论也把问题作为研究对象,只不过在波普尔那里,问题可能是单个的或随时的,而在库恩的理论中,问题是集束的和系统化的,只有系统的或集束的问题才会引起科学家团体的广泛关注和研究,才会引发科学的革命。⑤ 正如美国科学哲学家劳丹总结的:"科学本质上是解决问题的活动。"⑥ 在20世纪初中国那场著名的"问题与主义"之争,胡适则旗帜鲜明地指出:"凡是有价值的思想,都是从这个那个具体的问题下手的。先研究了问题的种种方面的种种事实,看看究竟病在何处,这是思想

---

① 爱因斯坦著,周肇威译:《物理学的进化》,湖南教育出版社,1999年版,第66—67页。
② 波普尔著,纪树立编译:《波普尔科学哲学选集》,三联书店,1987年版,第49页。
③ 劳凯声:《人文社会科学研究的问题意识、学理意识和方法意识》,载《北京师范大学学报(社会科学版)》,2009年第1期。
④ 波普尔著,纪树立编译:《波普尔科学哲学选集》,三联书店,1987年版,第48—184页。
⑤ 黄崴:《教育管理学的研究对象及其分类》,载《教育研究》,2005年第7期。
⑥ 拉里·劳丹著,方在庆译:《进步及其问题》,上海译文出版社,1991年版,第3页。

的第一步功夫。"① 因此，有价值的国防教育研究也应从一个个具体的国防教育问题开始。通过从收集和归纳国防教育实践中存在的问题出发，谈论本学科应予关注和解决的问题，由问题构筑学科的基本框架。这是与学科逻辑相对的问题逻辑。"前者以学科为本位，强调学科的规范性，重视理论体系的建构，而后者则是以问题为本位，强调具体问题的解决，关注选择和行动。"② 与学科相比，问题更具原初性。"实际上分门别类的学科界限完全是人为的，客观世界中并没有这样一种分类和界限，这是人类理性对世界的一种划分的结果。这种为知识研究和传承、保留的需要而贴的标签，有可能与实际存在的问题相符，也有可能不相符，甚至相悖。社会科学不应过分强调学科的界限，因为这种界限往往会形成学科壁垒，限制我们的眼界。"③

对于学科建制尚未成型的国防教育学而言，更需要从问题出发。这将有助于其超越固化的学科划分和界限，从对一个个具体问题的解决中寻求和彰显自身的学科价值，并最终获得独立学科的内涵和形式。

（三）哲学认识论的建构论转换

"教育现象说"的盛行，有其哲学的理论基石，是传统哲学认识论的反映论在教育领域的运用和体现。"按照'描述教育学'（以教育现象及规律为对象的教育学，如洛赫纳、费希尔）的观点，事实是一种纯粹的客观存在。人们在接触这种事实之前，头脑中关于这种事实仿佛是一片空白，以致人们的头脑仿佛像镜子一样反映它。"④ 因此，当人们说教育学的研究对象是"教育现象"时，一个隐含的假设是：作为教育学研究对象的"教育现象"是独立于主体的实存，它决定其自身。这显然是从本体论意义上

---

① 胡适：《多谈些问题，少谈些"主义"》，载《每周评论》，1919年7月20日。
② 劳凯声：《人文社会科学研究的问题意识、学理意识和方法意识》，载《北京师范大学学报（社会科学版）》，2009年第1期。
③ 劳凯声：《人文社会科学研究的问题意识、学理意识和方法意识》，载《北京师范大学学报（社会科学版）》，2009年第1期。
④ 陈桂生：《教育学的建构》，华东师范大学出版社，2008年版，第7页。

理解研究对象的概念及其性质。但事实上，研究对象应该是一个认识论意义上的概念。"人类的实践和认识都是对象性活动。人是主体，构成对象性活动的一极；另一极就是客体。它是对象性活动所指向的事物的总称。"[1] 科学认识本质上就是一种对象化活动。这有两重截然不同的含义。一指科学认识一种关于对象的活动，此系反映论的范畴；二指科学认识一种设定或建构对象的活动，此为生成论或建构论的范畴。[2] 教育学将研究对象设定为问题而不是现象，反映了当代哲学认识论从反映论向生成论的转换。

　　传统实证主义认识论是以反映论为基础的，在这种认识论中，事物是独立的、客观存在的，研究者与现实之间是割裂和分离的，研究者必须保持超然和价值中立，认识研究对象就要保证客观地进入和反映客观现实。但现实表明，即便在相对客观独立的自然科学研究中，研究者与研究对象也有相当的纠缠。研究者既是现实的入侵者又是被侵入者，研究者与对象之间的相互作用似乎是无法消除的。德国数学家海森伯格提出的著名"测不准原理"雄辩地说明了这一点：我们所观察的自然，并不完全是其本身；我们所采用的方法，在相当的程度上决定了自然的呈现。换言之，无条件客观地进入客观的现实的希望已经被摧毁。与传统实证主义不同，后实证主义和自然主义教育范式主张建构论，认为教育研究者试图以自然、非冒犯的、无威胁的方式接触他的研究对象，实际上影响到教育行动者对其所建构的现实及其意义的理解，这种教育研究者与教育行动者、教育现实之间相互影响的结果，最终构成了教育研究的对象。[3] 而狄尔泰关于"对话"的对象观则进一步指出，研究主体所拥有的历史、观念、理解力，都有可能介入被经验的教育现象中，成为它的一部分，而构成研究对象。[4]

---

[1]　徐跃权：《关于图书馆学的研究对象问题的哲学解答》，载《图书馆学研究》，2014 年第 3 期。
[2]　吴国盛：《追思自然》，辽海出版社，1998 年版，第 247 页。
[3]　唐莹：《元教育学》，人民教育出版社，2002 年版，第 168 页。
[4]　钟柏昌：《中国教育技术学基础理论问题研究》，载《电化教育研究》，2013 年第 9 期。

后实证主义、自然主义以及狄尔泰的"对象观"反映了当代西方哲学认识论的建构论转向。在它们看来,研究对象不是外在的、客观的,而是研究者有意选择和建构的结果。这正是教育学研究对象由"教育现象"转换为"教育问题"背后的哲学逻辑。"这些所谓'教育问题''社会问题''文化问题'或'心理问题',属同一客观现象的不同的'问题领域',唯其如此,如今关于某一门学科研究对象问题的见识,已经改变了视角:不再是局限于划定客观现象的范围,而是根据主观意图对客观现象的范围做出抉择,尽管这种主观意图应是客观需要的反映。这种主观意图的确定,取决于研究主体与客体之间的关系,即主体对客体关注的视角。以教育学而论,它的研究对象似乎是'教育现象',而实际上是'教育问题'。"[①]据此,在哲学认识论的建构论及教育学对其采纳基础上,国防教育学研究对象也可以从研究者及学科发展的主观需要出发,将之界定为国防教育问题。

## 二、国防教育问题作为国防教育学研究对象的内涵

依循教育学、科学哲学以及哲学认识论转换的逻辑,国防教育问题作为国防教育学研究对象存在着理论基础。对于作为学科研究对象的国防教育问题,仍需进一步对其内涵做出说明。

### (一) 国防教育问题是"全民"国防教育问题

作为国防教育学研究对象的国防教育问题,首先是"全民"国防教育问题。强调国防教育问题的"全民性",在于我国国防教育的全民性及当前我国国防教育研究的非全民性偏颇。关于我国国防教育的全民性,我国宪法规定,我国所有公民对于国家的安全与防务都负有神圣而不可推卸的责任。《中华人民共和国国防教育法》进一步明确规定:"中华人民共和国公民都有接受国防教育的权利和义务。"毫无疑问,我国的国防教育是面

---

[①] 陈桂生:《教育学的建构》,华东师范大学出版社,2008年版,第6—7页。

向全体公民的教育活动。就我国国防的性质及国防教育法律的相关规定来说，完整的国防教育体系包含了学校国防教育和社会国防教育两大部分。而学校国防教育部分又包含了从小学到大学，从普通教育体系到诸如党校、军校之类专业教育组织的国防教育。社会国防教育除了包括对一般社会民众的国防教育之外，还包括了对国家机关工作人员、民兵、预备役人员等人群的国防教育。

理论上来讲，与全民性国防教育相对自然应该是全民性国防教育的研究。但是我国当前的国防教育研究，离"全民性"还有相当的距离。具体表现就是对国防教育的两大部分及其内部组成部分的研究明显失衡。总的来说，学校国防教育研究较为系统、发达，社会国防教育研究较为零散、薄弱。在学校国防教育内部，对于高校国防教育的研究较为集中，文献数量众多，对中小学及党校、军校开展国防教育研究甚为少见。以"国防教育"为篇名在中国知网（CNKI）进行检索，共有3002篇文章，据粗略统计，大概超过80%以上的文章探讨的是高校国防教育问题，涉及中小学国防教育的文章（其中还包括若干篇工作总结、新闻报道）只有77篇，仅占文章总数的2.6%。关于党校开展国防教育文章不超过10篇，军校开展国防教育培训的相关理论文章则尚未发现。在社会国防教育内部，则几乎所有类型机构或组织开展国防教育的研究都不多见。现有的相关文献多是社会各机构或组织开展国防教育的经验总结或新闻报道，真正意义上的学术研究相当缺乏。

总而言之，我国的国防教育是"全民国防教育"，但由于学界一直倾向将"国防教育现象"或"国防教育活动及其规律"作为研究对象，国防教育研究者较为关注的仅是相对规范的高校国防教育，对国防教育的其他层次和范畴的研究则明显不足。因此，当前的国防教育研究很大程度已经等同于高校国防教育研究。人们在谈所谓"国防教育学"的时候，实际很多时候谈论的是高校国防教育学。基于这样一种由"现象对象观"造成的学科窄化、异化风险，我们提出将国防教育问题设定为国防教育学研究对象，首先强调的是其"全民性"，或者说国防教育的整体性。作为国防教育学研究对象的国防教育问题，不仅仅是高校国防教育问题，还包括了中小学国防教育问题，党校、军校开展国防教育的问题，以及同样重要且丰富的社会各机构、组织和团体开展国防教育的问题，即社会国防教育问题。真正意义的国防教育学应该是研究整体性国防教育问题，即学校国防教育和社会国防教育问题的学科。

### （二）国防教育问题是"成问题"的国防教育问题

"'教育问题'并不是一个不言自明的词汇"，因此，"以'教育问题'表征其所探讨的内容，并不意味着其必然是教育问题"。[①] 正是因为"教育问题"词义所指和能指的错位，使得人们对于作为教育学研究对象的"教育问题"远未达成共识。"教育问题"本身的这种不确定性，一定程度上压缩了其作为学科研究对象广大的可能空间。那么，何谓"问题"？教育学为何会将"教育问题"设定为学科研究对象？对此，陈桂生先生的相关论述颇有见地和启发："'问题'有两义：一是所'问'之'题'，或有疑问之事；一是指事物的严重性，如通常所谓'成问题'。社会学注重研究的'社会问题'，主要指'成问题'的事。把'教育问题'作为教育学的研究对象，多少受到社会学的启发。"[②] 由此可以看到，作为教育学研究对象的"教育问题"是"成问题"的"问题"，是社会学意义上的"问题"。

社会问题一直是社会学的重要研究领域和内容，有人甚至因此断言："社会学是研究社会问题的一门科学。"[③] 社会学研究的社会问题通常具备四个面向：第一，社会问题是一种"客观事实"，是一种超常的或失常的社会现象。社会问题是现实存在的，不是人们的假想或臆想。第二，社会问题是一种"公共问题"，是对全体社会成员或部分社会成员及对社会进步不利的或有害的社会现象。第三，社会问题是一种"公众认定"，是引起社会大多数人关注、一致确认并希望改变和解决的社会现象。第四，社会问题是一种借助社会力量、采取社会行动加以解决的社会现象。[④] 这反

---

[①] 张海波、杨兆山：《"教育问题"探析》，载《教育研究》，2011年第11期。
[②] 陈桂生：《教育学的建构》，华东师范大学出版社，2008年版，第8页。
[③] 陈沂：《社会学是研究社会问题的一门科学》，载《社会》，1981年第1期。
[④] 青连斌：《社会问题的界定和成因》，载《中共中央党校学报》，2002年第3期。

映了社会学所研究的社会问题的三大基本特征,即客观性和主观性的统一、普遍性和特殊性的统一以及联系性。① 因此,按照社会问题的社会学逻辑,作为教育学研究对象的教育问题只能是公共问题,而不可能是"研究者基于个人的立场和旨趣在教育事实中觉察到的矛盾"。带有个人性或相对性的教育问题只有成为大多数教育学者关注的公共论题才是教育学的研究对象。其次,教育问题如果遵从社会学对社会问题的界定,它也就不是研究者说的,"是教育事实中一些处于分散状态的个别化'矛盾'"。教育问题内在地指向"那些频繁发生和十分突出的相似'问题'",这些问题经过研究者的分类汇总与抽象概括最终成为教育学的研究对象。②

通过回到对教育问题的社会学根源及逻辑,可以看到,作为国防教育学研究对象的国防教育问题是社会学意义上的所谓"成问题"的问题。具体来说,作为国防教育学研究对象的国防教育问题,指的是国防教育实践或理论研究中客观存在明显的失常或失调,致使国防教育实践和研究的发展受到了严重阻碍,从而引起了大多数国防教育实际工作者或研究者的关注,并需要通过群体的行动予以消除或改进的公共问题。

### (三) 国防教育问题是"价值—事实—实践"问题复合体

国防教育问题作为国防教育学研究对象,它理论上应涵盖这一学科所有已经存在的问题对象,并且还应为涵盖未来的问题对象预留可能性。"任何一个合理的研究对象都不是无中生有,都必须依据本学科既有的具体问题、具体问题的对象及其理论成果来抽象和概括出来并预留学科的发展空间。"③ 因此,依据上述内含的现实性、全面性以及发展性原则,作为国防教育学研究对象的国防教育问题应该是"价值—事实—实践"问题的复合体,即国防教育问题包括为什么、是什么以及怎么办三个方面的

---

① 蔡菁:《关于社会问题的几点看法》,载《社会学研究》,1987年第6期。
② 高鹏、杨兆山:《"教育现象"何以是教育学的研究对象》,载《教育研究》,2014年第2期。
③ 徐跃权:《关于图书馆学的研究对象问题的哲学解答》,载《图书馆学研究》,2014年第3期。

问题。

首先是为何进行国防教育的问题。这是对国防教育存在与发展的根本追问。和其他任何事物一样，国防教育也有其产生、发展的历史与原因，其生存与发展受一定要素的制约。要深刻把握国防教育这一事物的本性，就要求必须重视对其历史起源和前提的考察。就如恩格斯所说："马克思研究任何事物时都考查它的历史起源和它的前提，因此，在他那里，每一单个问题都自然要产生一系列的新问题。"[1] 因此，研究国防教育，首先应该探究国防教育为何产生以及在社会的发展中人类为何要接受国防教育的教化、调节与引导。这虽是历史的追溯，但却指向当下。因为在国防教育实践中，人们必然（自觉或不自觉）会问，人类为什么会需要国防教育，人类为什么必须接受国防教育？这事实上是对国防教育存在意义和价值的追问。如果国防教育学研究不首先解答这一问题，那么国防教育的实践及理论研究也就无从谈起。

因此，我们要研究国防教育的学科地位、历史根源和现实作用。就学科地位来说，我们要探讨国防教育与军事教育、思想政治教育、普通教育、体育等学科或领域的联系与区别，要着重说明为何已存在大量相近学科的情况下，还需要国防教育这种特殊的教育活动，并为此分立出一门新的学科。就历史根源方面，需要从国防教育产生、发展的历史入手，探讨其得以产生并发展起来的政治、经济、文化等原因。就现实作用方面，需要理论和现实两个维度探讨国防教育的个体价值和社会价值。因此，为何进行国防教育的问题，是对社会中国防教育的客观现象所进行的反思性研究，它凸显了国防教育学的学科性质、形成历程及其学科价值研究。具体来说，其主要包括国防教育学元研究、国防教育史、国防教育功能价值论以及比较国防教育学等。

其次是何为国防教育的问题。这是对国防教育的整体认识，是对国防教育这一客观现象的研究，其探讨的是"国防教育是什么"这一国防教育理论体系中的最基本问题。任何从事国防教育实践和理论研究的人都绕不

---

[1] 马克思、恩格斯：《马克思恩格斯全集（第20卷）》，人民出版社，1965年版，第400页。

开这一问题。虽然国防教育具有阶级性，并且人们一直从事着国防教育的实践，但人们在实践与研究国防教育的过程中，在关注"怎样教育""如何教育"以及"用什么教育"等其他问题时，"国防教育是什么"的思索通常贯穿其始终。人们国防教育的实践越拓展，对国防教育认知越广泛，这一问题就表现得越明显，对国防教育研究得越深入，这一问题的研究就越重要。简单来说，如果我们对于国防教育没有基本的认知和了解，探讨为何要进行国防教育以及如何对人进行国防教育的问题，都会缺乏具体的基础和指向。探讨国防教育是什么，需要我们梳理国防教育概念的谱系，回到其历史本源，回归其自身，寻求"国防教育之所以是国防教育"的内在规定性。就此而言，国防教育是什么的研究问题域具体包括：国防教育的本质、国防教育的内涵、国防教育的构成要素、国防教育的基本内容、国防教育的目的任务等国防教育的基本范畴及其相互关系，国防教育认识论、国防教育的学科化等等。

其三是如何开展国防教育的问题。这是关于国防教育的原则、方法、理论武器、组织管理、过程规律等的研究。追问国防教育产生的原因及其价值，探求国防教育的本性，其最终目的是为了保证国防教育的有序有效开展。就这个意义来说，如何开展国防教育可谓国防教育最重要的问题，也是国防教育研究与实践的最为核心的问题。作为国防教育如何运作的具体研究，它通常包括国防教育经验总结、国防教育的过程规律、国防教育研究的方法途径、国防教育的管理等问题的研究。

从现有文献来看，绝大多数国防教育著作或文章属于第三个方面的研究。理论的价值在于指导实践，从这个角度来说，国防教育理论研究集中于国防教育的"怎么办"问题似乎无可厚非。但鉴于国防教育学的稚嫩，人们对国防教育的"为什么""是什么"问题研究仍较为浅薄，且迟迟没有突破。在这种背景下，大量关于"国防教育怎么办"的研究表现为一种单纯的经验性认识，无法有效引导和促进国防教育的真正发展。这不能不说是当前学界在将国防教育问题作为学科研究对象的认识和把握上的一个缺陷。正如学者评论思想政治教育学存在的同样缺陷时指出："因为作为一门学科，必须展现出很强的科学性，不应无条件地承认某一既定的前提，而应对任何一个既定的前提做反思性的研究，并最终说明彼此之间的关系，才能全面而深入地开发其功能，促进怎样进行思想政治教育的深化研究。否则，就只会注意研究思想政治教育过程中主、客体以及教育内容之间的关系，只注重探索思想政治教育的方法，因而必然减弱这门学科的科学性。"[1] 基于思想政治教育学的经验和教训，在对作为国防教育学研究对象的国防教育问题进行探究的过程中，国防教育研究者应该更加重视对国防教育问题的前两个方面的研究，夯实对国防教育问题第三个层面研究的理论基础，以有效提升国防教育操作策略研究乃至整个学科的质量与科学性。

## 三、国防教育问题作为国防教育学研究对象的学科价值

将国防教育问题设定为国防教育学研究对象不是对教育学的单纯学步，也不是简单地将科学哲学、哲学认识论的一般理论移植到国防教育领域。就国防教育学的创生发展而言，将国防教育问题设定为其研究对象有着非常现实的价值。

### （一）有助于国防教育学回应社会现实需要，提升学科地位及社会认可度

任何研究、学科、知识，都源自一定的社会认知或实践需要。正如马克思、恩格斯指出，"一切划时代的体系的真正的内容都是由于产出这些体系的那个时期的需要而形成起来的。"[2] 对此，美国科学史权威萨顿在总结其毕生治科学史研究之经验提到："按照辩证唯物主义体系，科学首先（如果不是唯一的话）要从社会和经济的角度来说明。这种解释包含着一

---

[1] 刘新庚、李四益、文银花：《对思想政治教育学科研究对象的新认识》，载《探索》，2002年第4期。

[2] 马克思、恩格斯：《马克思恩格斯全集（第3卷）》，人民出版社，1960年版，第544页。

个真理的内核，因为科学并不是在社会真空中发展，科学家作为一个平民，在许多方面受到国家和雇主的利用和摧残。"① 对于社会需要与科学发展的关系，苏联学者凯德洛夫也曾提出著名的论断："科学的突破点往往发生在社会需要和科学内在逻辑的交叉点上。"② 综合上述言论，一个合理推论就是，国防教育学作为一门新兴学科，其初始动因就在于社会的需要。现实中存在许多令人疑虑、困惑国防教育现象或问题，需要探求新的知识体系予以回应和解答。

只有深入到国防教育的实践当中，把握住国防教育发展的脉搏，发现阻碍国防教育发展的普遍性问题，特别是长期困扰人们的一般性、基础性问题，给以科学的解决。这样才能在满足社会需要中获得人们的承认，得到人们的喜爱，实现自己的价值，确立自己的社会位置，从而在社会发展的潮流中实现自身的发展。学科作为系统的知识或理论，其功用或价值的大小端赖其满足社会需要程度的高低。正如毛泽东同志对马克思主义理论功用的评论："对于马克思主义的理论，要能够精通它、应用它，精通的目的全在于应用。如果你能应用马克思列宁主义的观点，说明一两个实际问题，那就要受到称赞，就算有了几分成绩。被你说明的东西越多，越普遍，越深刻，你的成绩就越大。"③ 同样，国防教育越能对国防教育现实或问题做出解释，就越会赢得社会的重视，就越能开辟自己学科的广阔天地。也只有这样，国防教育学才有可能获得国家体制内的学科身份和认可，获得学科的"准生证"。

按最现实的情况来说，目前国家学科目录及学位点的设置几乎都是以学科是否能满足社会需要为前提的。"坚持把社会需求放在第一位，同时加强建设，创造条件，努力使每个学位点在导师队伍、研究方向、课题及成果、实验仪器设备等方面能够达到培养社会所需人才和出高质量科研成果的要求。如果没有社会需求，条件再好、力量再强的学科，也不宜增列

---

① 金吾伦：《自然观与科学观》，知识出版社，1985年版，第409页。
② 解书森、陈冰：《对科技进步因果链的探讨》，载《贵州社会科学》，1986年第5期。
③ 毛泽东：《毛泽东选集（第3卷）》，人民出版社，1991年版，第813页。

为新的学位点。如果社会需求旺盛,暂不具备条件,既不能勉强增列新点,更不能放弃,而要下大力气进行学位点的建设。"① 在这种规则下,国防教育学要获得体制内的身份和认同,关键在于直面问题,增强对国防教育现实问题的解释力,提升对国防教育热点问题的解决能力。唯其如此,国防教育学创生才有可能获得真正突破和长足发展。

## (二)有助于锻造国防教育研究者理论思维,提升国防教育研究水准

一门学科的形成和发展,首先取决于社会实践和社会需求。但是有了社会实践和社会需求,还不等于就有了系统的学科理论。"社会实践中提出需要解决的问题只有转化为科学技术领域中的矛盾,转化为人们头脑中须知与未知的矛盾,从而提出命题、猜想等,才能成为人们去进行科学研究的直接动力。"② 对于国防教育学而言,一直都存在着大量的国防教育现象和事实,也有相当的关于国防教育现象和事实的研究文献。但由于缺乏问题意识,缺乏深层次的理性思考,大部分国防教育研究仍处于浅薄的感性层次,并且颇为单一。有论者对四届高校国防教育学术研讨会论文分析后指出:"有些研究处于没有前进的重复状态,比如国防教育与学生素质教育,每届研讨会都有大量论文研究这一主题,连标题、内容都大同小异,多年来没有太多新意也没有实质性进展。"③ 究其原因,就在于国防教育研究者缺乏足够的问题敏感性,更多的仍是就现象谈现象。而将国防教育问题作为学科研究对象,它首先需要研究者运用一定的理论思维,将大量相同或类似的国防教育现象或事实予以归纳提炼,将其转化为人们头脑中的须知和未知的矛盾,进而发现和提出需要研究的命题。"'教育问题'对象观反映了对感性教育的超越,因为'问题'总要经过'筛选性'思考

---

① 问青松:《进行学位点立项建设的几点启示》,载《学位与研究生教育》,2000 年第 4 期。
② 张乐育:《关于"任务带学科"的讨论》,载《科学学研究》,2007 年第 25 期。
③ 郑宏:《中国普通高校国防教育研究:回顾与前瞻——基于 1997—2009 年全国普通高校国防教育学学术研讨会的分析》,载《高等教育研究》,2011 年第 1 期。

后才能确定，因而这一层次的对象观是对教育的感性与理性的两维关注。"① 更为重要的是，作为主体的研究者和作为研究对象的客体是相互规定的，研究对象的设定彰显的是主体的能动性和认识能力。"主体与客体是相互规定的。这取决于客体的性质及与之相适应的主体的本质力量的性质；客体是主体的一种本质力量的确证。"②

　　因之，将国防教育问题设定为国防教育学研究对象，对国防教育研究者的学术积累、理论思维能力提出新的要求。因为"能否发现重大教育问题，并使之成为研究的焦点问题，这取决于教育研究者的教育观念、学术视野和其在教育领域的影响力"。③ 国防教育问题的发现、提炼本身就是一种学术加工、创造的过程，这使得国防教育研究者更有可能突破单纯的国防教育现象束缚，深入现象把握其本质。这将大大减少无问题的国防教育研究以及无结论的国防教育研究成果，实质性提升国防教育研究的学术水准。正如论者指出："一旦当研究者选择了合适的教育问题之后，他便有了持续研究该教育问题（自然就遮蔽了其他教育问题）的信心与决心，这时候他已经踏上了教育学的研究之旅，其间当然会出现对于该教育问题的分类汇总与抽象概括，不仅如此，还将对该教育问题作出有相当说服力的理论解释。"④ 当然，教育问题作为教育学研究对象的意义和价值，其更突出和直接的功用在于："的确，确立以教育问题为教育学的研究对象，较之以教育现象为教育学的研究对象，将更加有助于培植起教育学者研究教育现象（教育的事实状态）时的问题意识，而不再会有留滞于司空见惯的教育现象居然还浑然不觉。"⑤ 最后，论者自信地强调："由此不难看出，提出以教育问题作为教育学的研究对象与领域，将极大地纠正目前教育学研究中由于无（去）问题化现象而导致的诸如表浅化、雷同化、低效甚或

---

① 吴定初、雷云：《教育研究对象观探新》，载《社会科学战线》，2005年第3期。
② 徐跃权：《关于图书馆学的研究对象问题的哲学解答》，载《图书馆学研究》，2014年第3期。
③ 张海波、杨兆山：《"教育问题"探析》，载《教育研究》，2011年第11期。
④ 余小茅：《试论教育学的研究对象是"教育问题"》，载《学术界（月刊）》，2014年第9期。
⑤ 余小茅：《试论教育学的研究对象是"教育问题"》，载《学术界（月刊）》，2014年第9期。

无效化等等结果。"① 较之教育学科，国防教育学起步较晚，基础较差，研究趋于现象化、表面化、趋同化、低效化更为突出和严重。在此背景下，提出国防教育问题作为国防教育学研究对象，其意义已不言而喻。

## （三）有助于国防教育研究方法的运用和发展，促进国防教育学完善发展

"研究对象须与研究方法相适应。不同的研究对象有不同的特性，适应不同的方法，不同方法也都是各有优长，选择不当无异于缘木求鱼。"② 就国防教育学而言，将"国防教育现象"或"国防教育活动及其规律"作为研究对象，这无疑是模仿自然科学的模式，试图通过自然科学的方法寻求国防教育的所谓规律。但是国防教育学作为一门人文社会科学，其中虽有可用自然科学方法进行论证的客观现象和事实，但从根本上来说，它与自然科学在研究对象的认知是不同的。"自然科学是将研究对象作为客体来认识和把握，而这一客体又存在不变的'规律'与'现象'。"③ 然而，国防教育学研究对象与主体性的"人"相关，必然不是所有经验研究，因果决定论所能完全说明和描述的。如前所述，作为国防教育学研究对象的国防教育问题，它是主客体相互作用、相互建构的结果。这表明，纯粹以自然科学对其研究对象展开认识的思维路径来判定和研究国防教育学的研究对象是不恰当的。例如，有关大学生的国防意识问题，采用实证研究的方法可以把握大学生群体国防意识的强弱，但是为何国防意识会有个体差异，可能就不是实证研究方法所能回答的了。

因此，将国防教育学研究对象设定为国防教育问题，使得国防教育学研究对象性质发生了根本性的转换，这就要求国防教育研究在方法的运用与发展上需要更广阔的视野。国防教育研究要根据问题的性质来确定和发

---

① 余小茅：《试论教育学的研究对象是"教育问题"》，载《学术界（月刊）》，2014 年第 9 期。
② 雷云、吴定初：《"教育研究对象"的哲学思考》，载《社会科学战线》，2009 年第 1 期。
③ 虞莹、金林南：《思想政治教育学科研究对象之"人"的审思与路向》，载《思想政治教育研究》，2016 年第 3 期。

展合适的方法，而不是相反。"学科门类、理论体系的划分都是相对的、次要的，而问题的研究、真理的探索才是学术追求的根本目标。没有了'问题'，理论研究便没有了对象，没有了对象，也就谈不上方法。"① 以国防教育问题为学科研究对象，对于创生中的国防教育学来说，更利于其避开以学科体系为本位，以方法为目的的误区。根据问题的性质选定和发展相应的研究方法，"尽可能广视域、多视角地看待问题，寻求答案"。② 总之，国防教育学的研究对象，是特定思维视角下看到的各种不同的国防教育问题，而不是学科分类硬性划定的事物；国防教育学的研究方法，就是取决于研究对象（国防教育问题）所需要的解决手段，而非按照学科属性所限定的思维模式和话语系统。只有明确了这一点，国防教育学的研究方法才会越来越全面和成熟，国防教育的学术研究之路才会愈走愈宽，使得国防教育能真正早日立足于学科之林。

---

① 邢维凯：《关于音乐学研究对象与方法的再思考》，载《南京艺术学院学报》，2013 年第 2 期。

② 邢维凯：《关于音乐学研究对象与方法的再思考》，载《南京艺术学院学报》，2013 年第 2 期。

# 新形势下高校国防教育基本规律探析

杨千里[*]

**摘 要**：高校国防教育是我国全民国防教育的重要基础工程，是国防的重要组成部分，也是高校素质教育的组成部分。把握高校国防教育规律本是高校教育理论研究的应有之义，却一直是一个未被重视的重大理论问题，迄今对其也没有统一科学的表述。高校国防教育自身发展遵循一定的基本规律，但其与国防建设和高等教育又紧密相关，只有将高校国防教育置于国防建设与高等教育两大视域中，才能科学认识和把握其基本规律。

**关键词**：国防教育；国防；高等教育；基本规律

高校国防教育是我国全民国防教育的重要基础工程，是国防的重要组成部分，也是高校素质教育的组成部分。近些年来，有关高校国防教育的研究成果颇丰，但研究还未完全形成体系，研究深度也不够，尤其是有关本质性、规律性的研究成果缺乏。新形势下，国家高度重视高校国防教

---

[*] 作者简介：杨千里（1977年—），男，湖南岳阳人，吉首大学国防教育研究院学科建设办主任，讲师，主要从事高校国防教育、古代军事文化等方面研究。

育。习近平强调,要加强国防教育,增强国防观念,强化全民的国家意识、国防意识和国土意识,筑牢中华民族伟大复兴的精神长城。要切实提高国防教育的有效性,就有必要反思其本质和基本规律,这也是创新高校国防教育的理论依据。

## 一、高校国防教育的本质和基本问题

高校国防教育有规律可循吗？如果有,它主要有哪几条？我们认为,要厘清高校国防教育的规律,首先应该先从准确把握高校国防教育的本质和弄清各高校国防教育中的基本问题开始。

### (一) 高校国防教育的本质

有国家就有国防,有国防就有国防教育。国防教育是国家为使公民积极支持国防建设、自觉履行国防义务而进行的各种教育的总和。[①]虽然在我国,以各种形式呈现的国防教育在我国历史上古已有之,但一直并未进入规范化的发展轨道。直到20世纪80年代中后期以后,我国高校才普遍开设这门国防教育课程,并最终成为高校一门公共必修课,国防教育也成为高等教育的一个重要的组成部分。

那么,高校国防教育的本质是什么呢？按照马克思主义哲学观点,本质是事物诸要素之间相对稳定的内在联系,是与必然性、规律性同等程度的范畴。高校国防教育的诸要素包括教育目的、教育对象、教育内容、教育条件等,其中根本要素是教育目的与教育对象。因此,高校国防教育的本质应该从教育目的和教育对象的联系中去寻找。高校国防教育的目的是培养大学生的爱国主义精神、增强国家观念、树立国防责任感、提升大学生的综合素质,为国防建设服务。教育对象是大学生。从这个角度分析,高校国防教育应理解为"国家为了国防建设需要而对大学生进行的一种公共教育"。

---

① 苑士军：《国防教育概论》，解放军出版社，2004年版，第13页。

同时，如果从战略高度来认识国防教育，它不仅是国防建设的重要组成部分，而且更应该是国民基本素质教育的重要内容[①]。很显然，作为全民国防教育最重要组成部门的高校国防教育，它既属于一种国防行为，也属于一种教育行为，是国防的重要组成部分，也是高校素质教育的组成部分，它同时从属并服从于国防与高等教育。因此，只有把高校国防教育置于国防与高等教育这两个大环境下，我们才能对其获得较深刻的认识，才能认识其本质属性。在国防与高等教育视域下，高校国防教育有两大本质特征：首先，高校国防教育的目的，既要与国家国防的目的完全一致，也要与高等教育的目的完全相符；其次，高校国防教育是国防职能的精神手段，也是高校育人的重要途径。高校通过对大学生进行各种有效的教育活动，使学生从根本上认识到，国防是每一个公民的共同利益，从而使学生树立自觉承担保护国家安全的责任意识，成为一个具有强烈爱国意识与国家安全意识的社会主义建设者与接班人。同时，国防教育在高校人才培养中也是很重要的一个环节，它不仅可以培养学生良好的政治素养，也可以有效培养学生集体主义观念、吃苦耐劳精神、组织纪律性和团队协作能力等，促进综合素质的提升。

通过以上分析，我们认为高校国防教育的本质是国家为增强大学生的国防意识、提高大学生的国防行为能力和提升大学生综合素质而实施的教育，是国防建设和高等教育的重要组成部分。

## （二）高校国防教育的基本问题

长期以来，关于什么是高校国防教育的基本问题，一直是一个未被重视的重大理论问题。因此，在高校国防教育的实践与理论研究过程中，这一问题经常会被误解或混淆。由于对这一问题的理论探讨严重滞后，这直接影响到了高校国防教育的理论体系的形成与发展，进而也直接影响到了高校国防教育发展的科学性与实践的有效性。

---

[①] 吴温暖：《国防教育学科基本定义探析》，载《厦门大学学报（社科版）》，2006年第6期。

对于高校国防教育的基本问题，一般可以从两个层面进行解析，即实践与理论。因此，通常有两种理解：一种是高校国防教育发展过程中实际存在的基本问题；另一种是高校国防教育理论体系方面的基本问题。理论来源于实践，理论层面的高校国防教育基本问题实际上也蕴涵了高校国防教育发展过程中实际存在的基本问题。因此，当我们在研究中谈到高校国防教育基本问题时，应该就是上升到理论高度的高校国防教育的基本问题。

事物的基本问题都涉及事物的本质或本原问题，而本质或本原问题一般又要追溯到起源问题。因此，国防教育的基本问题应来源于国防教育本身的形成与发展过程。为了更好地揭示出高校国防教育的基本问题，我们将从国防教育的起源问题开始探究。

在中国，"国防军事教育"最早可追溯至夏商时期。据记载，在商代，为了应对逐渐增多的诸侯间战争，统治者日益重视军事训练，除了加强正规军队训练外，还通过学校对各级贵族子弟进行军事教育。这应该就是我国国防教育之发轫了。从西周开始，官学中的"大学"，以"六艺"为其标准课程，学生需要掌握"礼、乐、射、御、书、数"六种基本才能，其中的射、御，即可视为古代的军训，教师一般直接由军官担任。这应该是学校国防教育作为一种独立的教育形式的萌芽。此后，我国古代历朝都有在官方与私办教育机构等通过不同途径以培养国防行为能力、国防意识、国家认同、国家观念等内容为主的国防教育。我国现代意义上的国防教育先后历经了清朝末期的军事教育体制现代化改革、民国时期的军国民教育、军事教育以及抗日根据地的国防教育等，直至新中国成立以后，国防教育才逐渐迈入法制化的轨道。[①] 1985 年，普通高校进行军训试点，开始将军事课纳入高校的一门必修课，高校国防教育逐步进入普及阶段，现在已成为高等教育的一个组成部分。

纵览我国国防教育的形成与发展历程，我们可以发现，学校国防教育一直服务于国家国防建设，也是学校一种重要的育人途径与方式。因此，

---

① 何锋：《中国国防教育史纲》，厦门大学出版社，2013 年版，第 18 页。

学校国防教育的基本问题其实就是国防建设、学校育人与国防教育之间的关系问题，即学校国防教育与国防建设的关系、与学校教育的关系、与学生综合素质培养的关系。学校国防教育的基本问题包括两个个相互关联的方面：一方面，国防建设与学校育人对学校国防教育具有决定作用；另一方面，学校国防教育对国防建设与学校育人具有反作用。国防建设的成功推进、学校高素质人才的培养都与学校国防教育的有效开展有着高度的相关性。

## 二、新形势下高校国防教育应遵循的基本规律

通过对高校国防教育本质的分析与其基本问题的探究可知，高校国防教育在国防建设与高等教育实践中孕育、创生和发展，其当然要适应国防与高等教育的状况。因此，我们认为高校国防教育的基本规律是由如下子规律形成的集合体：高校国防教育必须符合现代国防建设内在需要、高校国防教育要顺应高等教育内在发展规律、高校国防教育要与大学生接受心理相适应。

### （一）高校国防教育要符合现代国防建设内在需要

国防是国家生存和发展的支柱和保障，是国家根本利益的组成部分，是综合国力的重要标志。[①] 国防建设是为加强国防力量、保卫国家安全而实施的各项建设的统称，是一个包括国防教育等在内的系统工程。现代国防又叫作大国防、社会国防、全民国防，因此现代国防建设，不仅是军队的任务，更是全社会的任务，属于国家建设。高校国防教育无疑属于国防建设的一部分，是解决高素质兵员等国防建设基本问题的重要保障，只有加强高校国防教育，才能更好的满足国防建设的内在需求。

首先，国防教育的目的与国防建设的目的是一致的。高校国防教育的有效开展，能为现代国防建设培养一批能文能武、适应未来军事高技术发

---

① 苑士军：《国防建设论纲》，解放军出版社，2010年版，第1页。

展需要的后备力量。抓好高校国防教育，增强大学生的国防意识，既是新世纪培养人才的根本需要，也是世界形势发展变化的需要。新时期高校国防教育依然延续着"保卫国家独立、保障人民在和平环境下发展经济文化的权利、争取持久和平的国际环境"这样战略目标，继续发扬着中华民族不惧外来入侵、敢于维护国家利益、勇于反对世界霸权的革命英雄气概和独立自主、自强不息的民族精神。

其次，加强国防教育、建设强大国防是中国和平发展的现实需求。在和平环境下，没有外敌入侵、没有战争硝烟、没有生死威胁，这时候的国防教育最容易被忽视。尤其是中国经过改革开放40年的快速发展，已然走在和平崛起的大道上，中华民族的伟大复兴指日可待。可是当前世界仍然不太平，矛盾斗争仍然存在，战争的根源并未消除，战争危险依然存在，中国周边安全环境仍不容乐观，这些对中国的和平发展构成了现实威胁。而大学生是未来国防预备役中的骨干力量，加强对大学生的国防教育，就是对未来国防后备力量的储备。未来的战争是高科技战争，它亟需大批具有专业素质和一定的军事知识的军人，来适应未来战争对高素质人才的需求。[①]但是，我国目前大学生都生长于和平年代，过着安逸的生活，国防观念普遍淡薄，缺乏忧患意识，没有尚武精神，很多大学生连基本的国防常识都不了解，他们不太关注全球战略格局、不太了解国家安全形势和国防政策，这对大学生国防力量储备影响甚大。因此，和平年代加强高校国防教育，培养当代大学生的国家观念和国防责任感刻不容缓，这既是全民国防教育的奠基工程，也是现代国防建设的内在需求。

其三，国防教育属于国防行为，是国防建设的重要组成部分。国防建设不只是物质力量的堆积，而是物质与技术、信念、精神、意志等方面的有机结合，这种结合才是强大国防的基础。而要形成这些强大国防基础，就必须长期坚持全民国防教育。国防教育是国防建设强大的精神支柱，一

---

① 马志刚：《高校国防教育在国防建设中的作用》，载《河北师范大学学报》，1994年第2期。

个国家的国防教育水平,可以直接影响其国防力量的强弱;一个民族只有具备了自觉而强烈的国防意识,才能形成强大的向心力和凝聚力。因此,加强高校国防教育,也应该是具有我国特色的军民融合式国防建设的内在需求,具有非常重要的意义。

### (二) 高校国防教育要顺应高等教育内在发展规律

新时期以来,我国学校国防教育逐渐有了一定转向,兵役目的不再是唯一目的,开始突出学校国防教育的育人功能,要求学校国防教育为我国全民国防教育夯实基础。2001年的国防教育法规定:"学校的国防教育是全民国防教育的基础,是实施素质教育的重要内容。"这已经从素质教育的高度来要求学校国防教育,学校国防教育也已经定位于围绕服务国家人才培养和国防后备力量建设上。[①]

高校国防教育是国防职能的精神手段之一,是全民国防教育的重要基础,也是高校进行素质教育的重要途径。对于每位公民而言,爱国具有天然的正当性,也是每个人应该具备的最高的思想政治道德素质。高校通过对大学生开展各种有效的国防教育活动,使学生从根本上认识到,关心支持国防是爱国的具体表现之一,是每一个公民的共同利益,也是每位公民的权利和义务。高校的国防教育的目的就是要使学生形成国家观念、具备国防责任感,成为一代具有强烈爱国意识和国家安全意识的社会主义事业建设者与接班人。同时,当前的国防教育在高校人才培养中也是非常重要的一环。它除了培养学生良好的政治素养,也能够有效培养学生吃苦耐劳精神、集体主义观念、组织纪律性以及团队协作能力等,促进学生综合素质的提升。因此,作为国防建设和高等教育重要组成部分的高校国防教育,是国家为培养大学生爱国主义精神、增强大学生的国防责任意识与国防行为能力而进行的一种全民教育,也是高校为提升大学生综合素质而实施的素质教育。

---

① 郑顺利:《建国以来我国国防教育转型的动因研究》,硕士学位论文,厦门大学教育研究院,2007年,第36页。

潘懋元先生认为，教育是培养人的活动，培养人的活动必须按照培养人的规律也就是教育内部关系规律来进行。① 国防教育作为高等教育的重要组成部分，当然也只能遵循高等教育内部规律，具体而言，就是国防教育必须有助于大学生德、智、体等等方面的全面发展，这样才能培养出高质量的人才，才能满足社会需要，才能更好地为经济、政治、文化以及国防建设服务。以德育为例，高校国防教育的目的在于提高大学生的国防素质，其中包括增强学生的国家观念、国防意识，激发学生建设祖国、保卫祖国的责任感，培养学生高度的爱国主义精神、爱军尚武精神、民族自尊自强精神、革命英雄主义与国际主义精神等。这些国防素质和学校培养学生"四有""三热爱""两精神"的德育目标是相一致的。因此，学校国防教育与学校德育教育是可以相得益彰、相互促进的，既可以培养学生的国防素质，又能提升学生的思想政治道德素质。

### （三）高校国防教育要有利于提升学生的综合素质

高校的中心任务是培养高素质人才，以促进社会主义现代化建设。高校国防教育，是实施大学生素质教育的重要途径，有利于全面提升大学生的综合素质。实践证明，高校国防教育对培养大学生的思想道德素质、身体素质、心理素质甚至专业文化素质等均有重要积极作用。

首先，高校国防教育是培养大学生思想道德素质的重要途径。爱国是每位公民的最高道德标准，也是每位公民的道德责任。中共中央印发的《公民道德建设实施纲要》明确指出："要引导人们发扬爱国主义精神，提高民族自尊心、自信心和自豪感，以热爱祖国、报效人民为最大光荣，以损害祖国利益、民族尊严为最大耻辱。"可见，爱国主义是我国公民道德建设的基本要求和规范，是每个公民都应当承担的法律义务和道德责任。我们应该深刻地认识到，新形势下爱国主义已经成为我国各族人民共同的

---

① 潘懋元：《教育基本规律及其在高等教育研究与实践中的运用》，载《上海高教研究》，1997年第2期。

精神支柱与动力,是团结群众、凝聚人民的重要思想基础,是提高公民道德水平和民族素质的重要价值载体。当前,民族凝聚力已成为综合国力的重要指标,而爱国主义具有极大的凝聚力和感召力。大学生作为未来社会主义现代化建设的建设者与接班人,应该大力加强对其进行爱国主义教育,积极引导大学生树立对民族和国家之生存和发展所做出奉献的责任感。大学生只有从内心真正认同这种责任感,并愿意付诸行动,这才算真正具备了崇高的爱国主义思想道德境界。

其次,高校国防教育是提高大学生身体素质与心理素质的重要渠道。大学生军事技能训练简称军训,是高校开展国防教育的一种基本形式。军训是高校国防教育的实践教学部分,其目的是通过严格的军事技能训练提高大学生的政治觉悟,激发爱国热忱,增强国防观念,发扬革命英雄主义精神,培养艰苦奋斗、勇敢坚毅和刻苦耐劳的品质,培养集体主义精神和和组织纪律性,形成良好的学风和生活作风。当前大学生们绝大多数生活经历平坦顺利,生活环境安逸舒适,这使他们多少存在着骄娇之气,吃苦耐劳精神不够,身体素质偏差。高校对大学生进行严格规范的队列训练、战术训练、野营拉练等军事技能训练,有助于他们提高身体素质、磨炼意志品质以及培养组织纪律性。同时,实践证明,高校国防教育对于提升大学生心理素质也具有积极作用。例如通过对大学生进行一段较长时间、艰苦严格的军事技能训练,既能增强大学生对环境的适应能力,又可以能够培养他们吃苦耐劳、勇敢顽强的优秀心理品质。另外,高校国防教育,还能以"润物细无声"的方式陶冶大学生的情操,培养健康人格。大学生只有具备优秀心理品质、健康人格,才有正确的自我意识、良好的情绪调控能力、积极乐观的人生观,才能更好地适应现代社会快节奏的生活与高强度的工作。

再者,高校开展有效的国防教育,有助于大学生拓宽知识面,开拓视野,提高其科学文化素质。国防教育学是一门交叉学科,涉及军事学、政治学、教育学、历史学、工程学、心理学、管理学等多学科内容,具有很强的综合性与开阔性。如高校国防军事理论教育内容包括了国防基本理论与历史、军事思想、国际战略形势、军事高科技、信息化战争、国防法规、国防工程、国防动员等知识。这对大学生拓宽知识面、增加知识储备、培养国际视野等大有裨益，因此在促进大学生科学文化素质发展方面，国防教育有着其他学科无法替代的作用。同时高校国防教育，也能培养大学生的自强意识、忧患意识、竞争意识和刻苦勤奋学习科学文化知识的紧迫感，也可使当代大学生担负起"负笈求学为报国"的责任感，对自己的专业精益求精，不断提高自身科学文化素质。

## 三、科学把握高校国防教育基本规律

研究高校国防教育基本规律目的在于更科学有效地开展国防教育，使高校国防教育更好地为国家安全与国防建设服务，全面促进高校人才培养质量提高，有效提升大学生的综合素质。

### （一）与新形势下国家安全战略相适应

21世纪以来，恐怖主义等非传统安全威胁因素迅速上升，这改变着人们既有的对国家安全、国防安全的认知模式。2011年，中国国务院新闻办公室发表了白皮书《中国的和平发展》，其中对人类共同的、日益突出的安全问题进行了归纳，主要包括：恐怖主义、公共卫生安全、大规模杀伤性武器扩散、网络安全、金融危机、气候变化、严重自然灾害、能源资源安全以及粮食安全等。这些非传统安全问题严重影响着人类生存和经济社会可持续发展，是当前世界的主要安全威胁。白皮书同时指出，"由种种原因导致的局部战争和冲突依然存在，地区热点问题错综复杂；传统安全威胁和非传统安全威胁的因素相互交织。"[1] 可见，我国和平发展环境还面临一定挑战，还需要我们强力维护与捍卫。2014年4月15日，习近平在中央国安委第一次会议上曾明确指出："中国国家安全内涵外延比历史上

---

[1] 国务院新闻办公室：《中国的和平发展》，2011年9月6日，http://news.xinhuanet.com/politics/2011-09/06/c_121982103.htm。

任何时候都要丰富，时空领域比历史上任何时候都要宽广，内外因素比历史上任何时候都要复杂。"①

在这种新形势下，新型的"综合安全观"和"大国防观"日益受到重视，其既考虑到了传统的政治、军事领域，又考虑到非传统的安全威胁。在这种新的安全观视域中，国家的安全防线不再只是那种明确的防线与有形的敌人，还包括思想文化等领域的威胁。因此，培养当代大学生的"国家安全意识"，筑起精神文化上的"长城"已成为教育改革上一项很重要的内容。②也正是基于此认识，从 2002 年起，我国历次修订的普通高等学校军事课教学大纲中，在课程目标的提法上已经发生变化，用"以国防教育为主线"代替了以往"通过军事训练"的提法，并且将"增强国防观念和国家安全意识"并列提出，这些与以往大纲有明显不同。新大纲的调整变化反映了新时期国防安全领域正在发生的变化，也很好地适应了国防观念的转型和进步，并从国家安全的层面认识到国防教育在人才培养中的特殊作用。

高校国防教育的根本目的是为国家安全与国防建设服务。因此，高校国防教育必须认清国防安全新形势，主动适应国家安全战略，充分发挥好高校国防教育作为国家安全和发展重要基础工程的作用。但是，当前普通高校在开展国防教育的过程中，普遍存在定位不准确、内容传统单一、教育效果不明显等问题。这主要是由于对普通高等学校军事课教学大纲中的课程目标等领会不透彻，对当前国家安全形势尤其是非传统安全领域关注不够，因而不能从维护国家安全战略高度出发来开展国防教育。这样就无法有效培养大学生的国防观念和国家安全意识。例如，在非传统安全领域中，网络安全是当前国家安全与国防安全的一个重大领域，其对大学生影响更是非常明显。第 39 次中国互联网络发展状况统计报告显示，中国网民

---

① 习近平：《坚持总体国家安全观走中国特色国家安全道路》，载《人民日报》，2014 年 4 月 16 日。
② 徐宇春：《总体国家安全观下对我国高校国防教育创新的几点思考》，载《教育与教学研究》，2016 年第 6 期。

中学生群体占比仍然最高,为25%;网民学历结构中,大专以上学历占20.6%。① 很显然,大学生是我国网民中的主力之一,而且是对网络依赖性较高的群体。互联网为大学生学习生活发挥的积极作用毋庸置疑,但大学生网络安全问题也不容忽视。大学生网络安全问题,不仅给学生自身带来了诸如网络成瘾、网络使用失德以及网络犯罪等系列问题,严重影响着学生的个人成长与发展,也对我国高校教育质量产生了直接影响。同时,大学生网络安全问题也是国家安全与国防安全体系中的一个薄弱环节。目前,网络安全不仅涉及物理和技术安全,更涉及意识形态安全和信息安全。现实中,境内外敌对势力以网络为武器对中国大学生进行文化渗透已成为其主要方式之一。② 因此,各高校国防教育,既要在国防教育课中从国家安全体制、周边安全环境、国际战略格局和大国关系等方面阐释新时期国防安全的崭新内涵,提升学生对国家安全和国家利益的认知水平,培养学生的"大国防观";更应与新形势下国家安全战略相适应,从国家意识形态安全的高度和人才培养的力度上重视网络安全等非传统安全因素,更新国家安全教育理念和模式、完善高校国防安全教育内容知识体系,筑牢国防安全基石。

### (二) 与国家人才强国战略需求相适应

实现中华民族伟大复兴的"中国梦",是中华民族近代以来最伟大的梦想。强国先强教,立国先立人。要实现"中国梦",科教兴国与人才强国是必然的战略选择。"中国梦"对新时期的人才标准提出了新要求,新时期的人才应该具有崇高远大的理想信念、报效祖国的热血豪情、扎实精深的真才实学、与时俱进的创新能力和吃苦耐劳的实干精神。人才强国战略既为高校发展提供了更广阔的前景,也对高等教育提出了更高的要求。高校是实施人才强国战略的重要组成部分,应该充分发挥在科学研究、人

---

① 中国互联网络信息中心:《第39次中国互联网络发展状况统计报告》,2017年1月22日,http://www.cac.gov.cn/2017-01/22/c_1120352022.htm。
② 张俊:《强化新形势下的大学生网络安全教育》,载《思想理论教育导刊》,2013年第11期。

才培养、文化建设等方面的引领作用,这样才能更好地为实施人才强国战略提供强大的智力和人才支持,才能为实现"中国梦"提供坚实的基础和前进的动力。尤其在育人方面,高校要贯彻党的教育方针,避免片面强调专业化,应强化"四个服务"意识,培养出能为改革开放和社会主义现代化建设服务的德才兼备的高素质人才。

高校国防教育无疑要顺应高校的育人趋势,主动与人才强国战略相适应。国防教育是高等教育的重要组成部分,也是高校培育与强化"四个服务"意识的重要载体。普通高等学校军事课教学大纲就明确指出:"适应我国人才培养的战略目标和加强国防后备力量建设的需要,为培养高素质的社会主义事业的建设者和保卫者服务。"因此,从一定意义上讲,在高校开展国防教育,是高校培养高素质人才的重要保证。大学生综合素质的培养包括思想道德、科学文化、专业知识、身心健康等各个方面素质的提升。新形势下,评判人才素质的高与低,不能单纯地从表面上看,而更应看中内在。内在的素质指标很多,其中最重要的是思想道德素质。在当今社会,是否具备爱国精神,是衡量人才基本素质的核心价值标准之一。余爱水将军认为,爱国是天然的、与生俱来的,是祖国的天地、自然和我们的祖先赋予世代子民的神圣职责和精神魂魄。[①] 党的十八大明确提出"把立德树人作为教育的根本任务",所谓立德,首要立的是政治品德,而社会主义政治品德中最重要的就是爱国品德。因此,立德树人,爱国为先。换言之,高校的根本任务就是为国家培养出更多具有爱国主义精神的高素质人才,只有具备爱国之心的高素质人才,才能全心全意为社会主义现代化建设服务,才能更加主动积极地为国家的强盛做出更多贡献。

高校国防教育属于一种素质教育,不仅有助于大学生科学文化素质与身心素质的培养,更充分体现在以爱国为核心的思想政治素质培育中。我们应毫不避讳地说,高校国防教育是一种具有强烈的政治性和阶级性的素质教育。高校通过国防教育,使学生不仅能学到军事理论知识,还能使学

---

[①] 余爱水:《爱国是天赋民魂》,2017年11月2日,http://www.71.cn/2016/1102/918907.shtml。

生认识到国防与国家存亡、民族荣辱兴衰的密切关系，充分了解国防的地位和作用，从而树立牢固的国防观念和忧患意识；能使学生加深对源远流长的中华民族爱国民魂的认同，激发爱党、爱国、爱军、爱民的情感，让爱国成为大学生的神圣职责和精神魂魄，树立强烈的为党、为国、为人民服务的责任意识。我们只有培养出了这样高素质的社会主义事业的建设者与接班人，我们才能真正实施人才强国战略，我们才能和平强国、和平崛起，我们才能实现中华民族的伟大复兴。

### （三）与当代大学生接受心理相适应

教育学与心理学密不可分，教育就是以科学的方法对受教育者的心理施加有目的、有计划、系统影响的过程。[①] 在当前高校国防教育实践中遇到的困惑之一是，教师尽管付出了大量劳动，但没有取得相应的教学效果。这实质上就是教育契合出了问题，即从大学生作为国防教育接受主体的角度看，国防教育过程未能契合其接受心理。因此要科学、有效地开展高校国防教育，就必须掌握大学生的心理特点，按照符合大学生的接受心理的方式，有针对性地开展国防教育。

当代青年大学生普遍的心理特点是：思想活跃、学习热情高、求知欲强、理解能力强、年轻单纯、有较强的使命感和批判意识，但情绪容易波动，思想易于偏激，感情易冲动等。总之他们正处于一个迈向成熟却还未成熟的年龄阶段。我们在进行国防教育时，就要注意充分利用大学生国防教育接受心理的积极因素，并克服其消极因素，来提高教育的有效性。例如，我们在进行军事理论教学时，就应该了解他们对知识的探求并不满足于知其然，而有知其所以然的求知心理，对军事知识了解甚少但有好奇心和求知欲，对一些军事情节厌其粗而愿闻其详。因此，在对大学生进行国防教育不能仅靠干巴巴地说教讲解、粗略地援引实例、泛泛地罗列数据等乏味的方式与手段，而是紧扣主题，精选一些蕴含思想、信息量大、新颖的情节，细节表述时适当体现军事领域的神秘性与神圣性，这样既能满足

---

[①] 肖勇：《结合心理特点，开展军事理论课教学》，载《网络财富》，2010年第9期。

学生猎奇心理和求知的欲望，又能使学生在嚼之有味、引人入胜的教育氛围中积极思考以及拨动思想情感的琴弦，自然而信服地理解一个观点或明白一种道理。同时，鉴于大学生有热情、有使命感，但容易冲动和偏激的心理特点，军事理论教学要有一定的引导性和激励性，在教学中要对大学生的爱国激情和世界观加以正确引导，积极培养他们的国家荣誉观念、激发他们的国防责任感，使其身心健康地成长。[①] 例如，高校军事理论课的"中国国防""我国周边安全环境"等章节中有关我国主权与领土、领海争端问题等内容，涉及到大学生普遍关心的一些热点和敏感问题，学生对这些问题容易激动、情绪化，缺乏客观与理性认识，这时教师应结合历史与现实，摆事实、讲道理，让他们明白政府解决这些问题的基本方针，引导他们从服从国家根本利益、维护和平发展大局的角度去客观、理性、辩证地思考这些问题，并自觉地去支持我们的"强国梦""强军梦"。

总之，军事理论课教师在授课中要把握好大学生军事知识少和求知欲强、心理年龄的不成熟和迈向成熟、军事课程法定性和非专业性等矛盾，既严格遵循军事教育规律和原则，又要兼顾大学生的心理特点，切实提高国防教育效果，促进大学生综合素质的提高，为国家培养合格的国防后备力量和优秀的21世纪接班人。

国防教育从属于教育，而教育的基本职能就是按照教育规律培养社会所需要的人才。因此，把握高校国防教育规律是高校教育理论研究的应有之义。高校国防教育作为一种特殊的社会思想活动，其自身发展遵循一定的基本规律，对高校国防教育的基本规律进行研究，是高校国防教育学科理论和教育实践的需要。因篇幅有限，本文对高校国防教育规律研究仅是一管之见，探究不深，如对其主体性等方面探究还不够，权当起抛砖引玉之效。期待我国高校国防教育学能成为更加适应大局、遵循规律、彰显价值的学科新体系。

---

① 陶劲松：《国防教育战略学教程》，武汉理工大学出版社，2006年版，第26页。

# 近十年我国国防教育研究回顾与展望

## ——基于 CNKI（2007—2016 年）的文献综述

范双利[*]

**摘　要**：基于 CNKI 数据库 2007—2016 年度数据，采用文献计量学和内容分析法，从文献数量、文献引文情况、文献内容、期刊影响力等几个方面，总结评价了近十年我国国防教育研究呈研究数量偏少、研究水平偏低、研究后继乏力的特征，研究范畴局限于其现状、问题和对策，意义、作用和功能，教学改革与创新，学生军训和其他问题等方面。今后国防教育研究应从构建学科理论体系角度出发，在国防教育的存在论，国防教育的本质论及实践论三个方面开展科学研究。

**关键词**：国防教育研究；CNKI；回顾与展望

---

[*] 作者简介：范双利（1973 年—），男，广东陆河人，华南师范大学副研究员，博士，主要从事国防教育研究。

基金项目：全国教育科学国防军事教育学科"十二五"规划专项课题"普通高校学生军训瓶颈问题及对策研究"（PLA113138 - LX - 2012266）和中国高等教育学会"十二五"教育科学规划课题"普通高校国防教育课程（军事课）建设的现状与对策实证研究"（课题编号：高学会 2011—31 号）的成果之一。

国家一直都十分重视全民国防教育。《中华人民共和国兵役法》《中华人民共和国国防法》《中华人民共和国国防教育法》和《中华人民共和国国家安全法》等多部法律明文规定，全体公民都有接受国防教育的义务和责任。其中，学校国防教育是全民国防教育的基础，是实施素质教育的重要内容。各级各类学校应当设置适当的国防教育课程，学校应当将国防教育列入学校的工作和教学计划，采取有效措施，保证国防教育的质量和效果。中共中央、国务院、中央军委下发的《关于加强新形势下国防教育的意见》（中发［2011］8号文）规定："高等学校要按照有关规定，开设军事理论课程，认真组织学生军训，全面提高学生的国防素养。"《国务院关于印发国家教育事业发展"十三五"规划的通知》（国发［2017］4号）明确提出，要将国防教育纳入国民教育体系，充分发挥国防教育的综合育人功能，提高国防教育效果。加强高等学校军事理论教学，加强高等学校和高中阶段学校学生军事技能训练，拓展学生军训综合育人功能，提升青少年国防意识和军事素养。要有效开展全民或学校国防教育，需要科学的国防教育理论的引领与指导。梳理总结近十年我国国防教育的研究情况，展望未来的研究方向，可以促进国防教育的研究。

在目前我国学术期刊引文数据库中，中国知网，即CNKI，是全球信息量最大、最具价值的中文网站。CNKI的信息内容经过深度加工、编辑、整合、以数据库形式进行有序管理，内容有明确的来源、出处，内容可信可靠。因此，以CNKI数据库收录的文献为样本来源，采取文献计量分析方法，对国内近十年国防教育研究进行总结回顾，基本符合客观实际。本文采用几个检索条件选取样本：一是"篇名"为"国防教育"，二是篇名为"学生军训"或"学生军事训练"，三是篇名为"军事课"或"军事理论课"。其中，"学生军训"和"学生军事训练"是简称和全称的关系；"军事课"和"军事理论课"在狭义的语境中意思相同，是不同的表达习惯。这两者都是高中阶段学校和普通高校开展国防教育最重要的内容和途径。所以，以这三种篇名搜索的文献基本上包含了所有国防教育研究的文献，本文的数据分析均以此为基础。搜索时间选定为2007年至2016年，来源为"文献""期刊""硕博士""会议""报纸"等,匹配项为"精确"。通过分析检索结果发现,近十年国防教育研究呈现几个显著特点。

## 一、近十年国防教育研究总体特征

### (一)研究成果数量偏少

表1显示,近十年来国防教育的总文献数量仅有4076篇,其中期刊为2056篇,硕博士论文104篇,会议10篇,报纸1896篇。报纸的文献基本上都是报道开展国防教育活动的总结性文章,而非学术性论文。不管是文献总量还是学术性论文,仅就数量而言,研究成果显得偏少。国防教育是一项事关全民的教育活动,也是国防建设的重要组成部分,对于具有重要意义的教育活动而言,对其研究的成果之少是极为不正常的。

表1 近十年国防教育各种文献总体情况

| 篇名关键词 | 总文献 | 期刊 | 硕博士 | 会议 | 报纸 | CSSCI |
|---|---|---|---|---|---|---|
| "国防教育" | 3451 | 1569 | 92 | 8 | 1774 | 72 |
| "学生军训"或"学生军事训练" | 306 | 180 | 180 | 1 | 119 | 1 |
| "军事课"或"军事理论课" | 319 | 307 | 6 | 1 | 3 | 3 |
| 合计 | 4076 | 2056 | 104 | 10 | 1896 | 76 |

资料来源:中国知网。

### (二)研究成果的水平低

衡量一篇学术论文水平如何,一是看刊发论文的刊物层次如何,可以用该刊物的影响因子来衡量,刊物影响因子大,则层次高,发表在该刊物的论文水平就较高,反之亦然;二是看论文的被引频次,被引频次高,说明该篇论文的水平高,反之亦然。表1显示,近十年来,发表在CSSCI级别刊物的国防教育文献总量只有76篇,只占期刊论文总量的3.70%,年均不足8篇;只有104篇硕士论文是就国防教育进行系统研究,年均只有10篇,可以说是寥若晨星,没有1篇相关博士论文。从表2可以看出,刊发国防教育论文期刊数量前 10 名的 10 种期刊中，无一是 CSSCI 期刊或核心期刊，期刊的影响因子都十分小，有些刊物甚至没有影响因子统计。表3 显示，在期刊文献中，近十年来每篇论文的被引频次只有 1.33，硕博士论文平均被引频次只有 2.49，远低于其他领域和学科论文的被引频次。表4 显示，近十年国防教育研究所获基金项目极少，其中 17 篇属于全国教育科学规划基金，21 篇获得省级科研基金支持，且仅限于 5 个省，2 篇获得大学基金。以上的数据表明，相较于其他学科和教育活动的研究，近十年来我国国防教育的研究呈现出水平低的特征。

表2 刊发国防教育研究期刊数前 10 名期刊

| 序号 | 期刊 | 文献数 | 比例 | 被引频次 | 平均被引频次 | 2016 版综合影响因子 |
|---|---|---|---|---|---|---|
| 1 | 《国防》 | 222 | 10.80% | 143 | 0.64 | 0.032 |
| 2 | 《华北民兵》 | 96 | 4.67 | 10 | 0.10 | 无 |
| 3 | 《中国民兵》 | 40 | 1.95 | 11 | 0.28 | 无 |
| 4 | 《教育教学论坛》 | 40 | 1.95 | 36 | 0.9 | 0.046 |
| 5 | 《学理论》 | 34 | 1.65 | 48 | 1.41 | 0.033 |
| 6 | 《生命与灾害》 | 30 | 1.46 | 8 | 0.27 | 无 |
| 7 | 《科技信息》 | 27 | 1.31 | 39 | 1.44 | 无 |
| 8 | 《中国校外教育》 | 23 | 1.12 | 44 | 1.91 | 无 |
| 9 | 《教育与职业》 | 23 | 1.12 | 53 | 2.30 | 0.219 |
| 10 | 《才智》 | 17 | 0.82 | 9 | 0.53 | 无 |

资料来源：中国知网。

表3 近十年国防教育期刊、硕博士文献被引频次和平均被引频次表

| 年份 | 期刊 数量 | 期刊 被引频次 | 期刊 平均被引频次 | 硕博士 数量 | 硕博士 被引频次 | 硕博士 平均被引频次 |
|---|---|---|---|---|---|---|
| 2007 | 142 | 436 | 3.07 | 13 | 64 | 4.92 |
| 2008 | 186 | 505 | 2.72 | 18 | 73 | 4.06 |
| 2009 | 232 | 486 | 2.09 | 6 | 29 | 4.83 |
| 2010 | 203 | 297 | 1.46 | 14 | 32 | 2.29 |

续表

| 年份 | 期刊 |  |  | 硕博士 |  |  |
|---|---|---|---|---|---|---|
|  | 数量 | 被引频次 | 平均被引频次 | 数量 | 被引频次 | 平均被引频次 |
| 2011 | 246 | 391 | 1.59 | 7 | 12 | 1.71 |
| 2012 | 223 | 220 | 0.97 | 14 | 28 | 2.0 |
| 2013 | 240 | 209 | 0.87 | 13 | 16 | 1.23 |
| 2014 | 206 | 104 | 0.50 | 8 | 5 | 0.63 |
| 2015 | 200 | 63 | 0.32 | 6 | 0 | 0 |
| 2016 | 178 | 25 | 0.14 | 5 | 0 | 0 |
| 总计 | 2056 | 2736 | 1.33 | 104 | 259 | 2.49 |

资料来源：中国知网。

表4 近十年国防教育研究获得基金项目数统计

| 基金 | 篇数 | 基金 | 篇数 |
|---|---|---|---|
| 全国教育科学规划 | 17 | 江苏省教育厅人文社会科学 | 10 |
| 湖南省教委科研基金 | 6 | 宁夏大学科研基金 | 2 |
| 湖南省社会科学基金 | 1 | 湖南省科委基金 | 1 |
| 浙江省教委科研基金 | 1 | 陕西省教委基金 | 1 |
| 福建省教委科研基金 | 1 |  |  |

资料来源：中国知网。

（三）研究后继乏力

2007—2016年每年我国国防教育研究成果的各种文献数量参见表5，数量趋势曲线参见图1。可以明显看出，国防教育的总文献、期刊论文、硕博士论文、报纸文献的数量的曲线呈高低起伏状，总体逐年下降的趋势，这说明十年来国内对国防教育领域的研究呈逐年下降趋势，至少没有呈逐年上升甚至保持稳定的趋势。图2显示，发表在CSSCI层次刊物的论文数量，近十年来也呈起伏、总体下降的趋势。这些数据说明，国防教育研究既无数量的逐年增长，也无质量的逐年提升，研究后继乏力。

表5 近十年国防教育各种文献数量

| 年份 | 总文献 | 期刊 | 硕博士 | 会议 | 报纸 | CSSCI |
|---|---|---|---|---|---|---|
| 2007 | 451 | 142 | 13 | 2 | 285 | 6 |
| 2008 | 473 | 186 | 18 | 0 | 269 | 11 |
| 2009 | 495 | 232 | 6 | 1 | 256 | 12 |
| 2010 | 552 | 203 | 14 | 2 | 321 | 9 |
| 2011 | 479 | 246 | 7 | 1 | 225 | 10 |
| 2012 | 337 | 223 | 14 | 0 | 100 | 4 |
| 2013 | 315 | 240 | 13 | 1 | 71 | 8 |
| 2014 | 440 | 206 | 8 | 1 | 125 | 8 |
| 2015 | 334 | 200 | 6 | 1 | 126 | 6 |
| 2016 | 302 | 178 | 5 | 1 | 118 | 2 |
| 总计 | 4178 | 2056 | 104 | 10 | 1896 | 76 |

资料来源：中国知网。

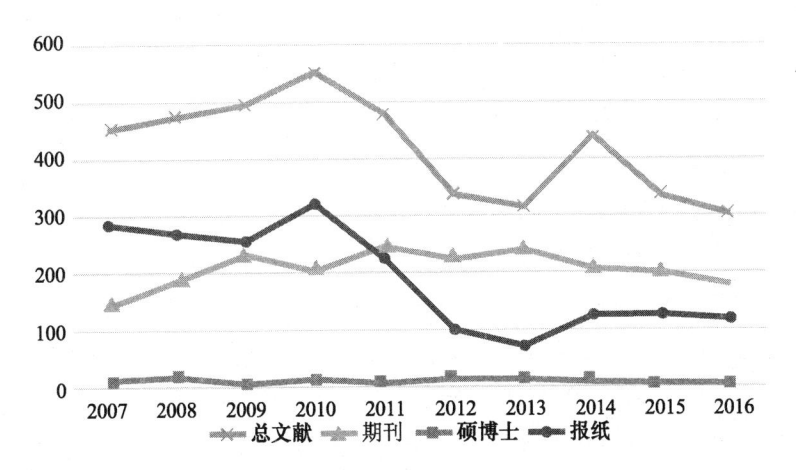

图1 近十年国防教育总文献、期刊、硕博士论文、报纸数量趋势图

资料来源：中国知网。

## 二、近十年国防教育研究内容分析

根据国防教育的文献特点，本文对属于研究性有效文献的2056篇期刊

图 2 近十年国防教育 CSSCI 论文数量趋势图

资料来源：中国知网。

论文进行了深入分析。除去用于搜索条件的关键词"国防教育"以及一些非实质性词语外，将相似或同类关键词合并统计，将频次前 10 名的进行归纳分析。如将关键词"问题""现状""对策""方法"等归为国防教育的问题研究范畴，将"高校""高等学校""独立学院""高职院校""大学生"等归为普通高校国防教育研究范畴，将"学生军训""大学生军训"归为学生军训范畴等。表 6 列出关键词出现频次前 10 名的期刊论文数量，从中可以看出，研究者对国防教育领域的研究主要集中在普通高校的国防教育，国防教育的现状、问题和对策，学生军训，国防教育与学生素质教育之间的关系，国防教育对民族精神、国防意识、社会主义核心价值观的研究，对国防教育的学科建设、课程建设和师资队伍建设。其中，普通高校国防教育的研究也主要集中于普通高校国防教育的现状、国防教育学科建设相关问题研究、国防教育对提高大学生综合素质的影响、国防教育教学改革与创新研究等四个方面。因此，就整体研究内容而言，近十年来，国内国防教育研究内容主要集中于国防教育的现状、问题和对策，国防教育的意义、作用和功能，国防教育与学生素质教育的关系，学生军训研究。

表6　关键词出现频次前10名的期刊论文频次表

| | 关键词 | 频次 |
|---|---|---|
| 1 | 普通高校 | 565 |
| 2 | 现状、问题、对策、方法等等 | 272 |
| 3 | 学生军训 | 228 |
| 4 | 素质教育、思想政治教育 | 111 |
| 5 | 民族精神、国防意识、核心价值观 | 106 |
| 6 | 学科建设、课程建设、师资队伍 | 37 |
| 7 | 意义、作用 | 36 |
| 8 | 外国、美国 | 18 |
| 9 | 实效性 | 10 |
| 10 | 法规、国防教育法 | 13 |

资料来源：中国知网。

## （一）国防教育的现状、问题和对策研究

近十年来，对国防教育的现状、存在问题和对策的研究，依然是众多研究者主要关注的领域。研究者们普遍认为，以1985年恢复高中阶段和普通高校学生军训试点工作为代表的学校国防教育取得了长足的发展。但是，学校国防教育仍然存在较多问题，有些问题甚至积重难返。如赵中华、宋晓安认为高校国防教育存在"教师职称、学历偏低；对国防教育的必要性缺乏充分认识；经费投入不足；国防教育训练科目单一，且缺乏统一的国防教育教材；国防教育时间较短，缺少系统全面的持续性"等问题。[①] 黄月胜与祖彦通过对江西省普通高校的调查研究认为，目前普通高校存在国防教育指导思想不够明确，国防教育师资力量建设乏力，国防教育课程管理不够规范等问题。[②] 并认为对国防教育

---

[①] 赵中华、宋晓安：《普通高校国防教育现状探析》，载《黑龙江社会科学》，2009年第5期。

[②] 黄月胜、祖彦：《江西省普通高等学校国防教育现状调查研究》，载《老区建设》，2016年第8期。

的重要性认识不足、相关制度与师资队伍建设发展不协调、缺乏学科支撑、教师综合素养提升乏力等方面因素，是制约学校国防教育健康发展的瓶颈。[①] 李科认为，目前高校国防教育的问题主要包括存在着"两头热，中间冷"的现象、学科建设进展缓慢、理论研究薄弱和教学内容陈旧单调，并提出要发挥教育评价导向与激励作用、加强检查评价、充分重视国防教育工作、加强学科意识和大力推动国防教育学术研究的对策。[②] 尽管研究者热衷于对国防教育问题和对策的研究，但是更多的是停留在工作经验总结层面，重复性多，缺乏理论深度和系统性。

（二）国防教育的意义、作用和功能研究

对于国防教育的意义、作用和功能研究，研究者基本上分别从国防教育对促进国防建设、社会进步，对教育对象自身素质的影响两个维度进行论述。前者属于探讨国防教育的外部规律，后者属于研究其内部规律范畴。在探讨国防教育的外部规律方面，研究者基本上围绕着国防教育对促进国防建设、经济建设、维护国家利益等方面进行阐述。如宋玉文认为加强国防教育可以确保国防建设与经济建设协调发展。[③] 霍永刚认为普及国防教育是建设和巩固强大国防的基础工程，可以增强中华民族凝聚力。[④] 赵铁栓、卞轶男认为学校国防教育是建设中国特色社会主义事业的有力保障。[⑤] 在论述国防教育对教育对象的影响方面，研究者主要集中于探讨国防教育与素质教育的关系；国防教育与民族精神、国防意识和国防能力的培养；高校国防教育在全面实施素质教育过程中的地位和作用。如许平、黄群认为，高校国防教育与素质教育的对象一致、总体目标一致，高校国

---

[①] 黄月胜、祖彦：《江西省普通高等学校国防教育现状形成因素分析》，载《老区建设》，2016年第10期。

[②] 李科：《我国高校国防教育：基本模式、问题及对策》，载《武汉科技大学学报（社会科学版）》，2013年第8期。

[③] 宋玉文：《国防教育在构建和谐社会中的作用》，载《国防》，2007年第5期。

[④] 霍永刚：《普及与引深国防教育的意义解析》，载《中共太原市委党校学报》，2009年第3期。

[⑤] 赵铁栓、卞轶男：《论学校国防教育的地位与作用》，载《德育园地》，2009年第5期。

防教育是实施素质教育的有效手段。① 陆华认为，民族精神与国防教育的价值统一，国防教育蕴涵丰富的民族精神培育因子，能促进民族精神的培育与弘扬。② 宋英、陈红祥认为，国防教育与思想政治教育两者的目的、内容、方式、对象存在统一的关系。③ 总的来说，研究者都认为，国防教育是素质教育的重要组成部分，对学生素质教育具有重要意义。但遗憾的是，这方面论文都停留在论述层次上，缺乏学理上的推论，更鲜有用实证的方法研究国防教育对学生综合素质的提高起到的作用，并且只局限于普通高校的国防教育，对国防教育的不同层次的教育对象的具体影响如何、有何不同的作用，缺乏应有的研究。

（三）国防教育教学改革与创新研究

越来越多研究者对普通高校国防教育教学改革与创新进行研究。研究者分别对高校国防教育的教学内容、教学过程、教学原则、教学方法、教学质量管理进行了宏观和微观的探讨。如韩克善认为，高校军事理论课教学要遵循教学内容时代化、教学过程情感化、教学形式多样化、教学考核综合化等教学原则来教学。④ 龙湘攸认为，高校军事理论教学要紧跟现代军事发展的步伐，处理好军事教材"变与不变"，教学内容应体现较强的思想性，坚持"五结合""五一致"的原则。⑤ 陈世利认为，要通过加强军事教师队伍的建设，针对大学生的特点和时代发展更新和充实军事理论课教学的内容，改进军事理论课考试的内容及形式，通过考试改革提高军事理论课教学质量。⑥ 张鸿来提出了包含一级指标、二级指标和观察点的

---

① 许平、黄群：《高校国防教育与素质教育的关系研究》，转引自廖文科：《全国普通高等学校第四届国防教育学术研讨会论文集》，高等教育出版社，2009 年版，第 147 页。

② 宋英、陈红祥：《高校国防教育与思想政治教育耦合作用分析》，载《思想教育研究》，2016 年第 1 期。

③ 陆华：《我国高校的国防教育与民族精神培育》，载《江苏高教》，2012 年第 4 期。

④ 韩克善：《高等院校军事理论课教学原则初探》，载《中国西部科技》，2011 第 11 期。

⑤ 龙湘攸：《论高校军事理论课教学内容改革》，载《当代教育理论与实践》，2009 年第 6 期。

⑥ 陈世利：《关于提高普通高校军事理论课教学质量的思考》，载《湖南医科大学学报（社会科学版）》，2008 第 11 期。

评估体系的高校军事理论教学评估体系。① 有些学者开始探究军事理论新的教学方式方法。如陆海燕提出了利用课堂、校园、社会三结合的体验式教学。② 蒙晓影提出了将"SYB"("创办你的企业")的教学模式引入教学。③ 廖平等比较了LBL(以团队为基础的学习)、CBL(以问题为基础的学习)、PBL(以案例为基础的学习)、TBL(传统授课模式)四种军事理论课的教学方法④。一些研究者开始关注国防教育"互联网+"和"慕课"(MOOC)的教学模式。如杨凯与戴谋元从搭建全国性的教学资源平台、丰富线上教学的实践内容与形式、创新线下教学的组织三个层面,探讨了军事理论课运用"慕课"教学方式的可行性对策。⑤ 还有研究者具体分析某一具体内容的教学方式。总的看来,近几年来,越来越多的研究者更多地关注国防教育的教学改革和创新领域,这既符合国防教育发展的趋势,也把握了"提高教学质量"的时代潮流,对规范和完善高校国防教育教学实践起到了一定的理论指导作用。

## (四)学生军训研究

学生军训作为高中阶段学校和普通高校开展国防教育的主要途径和内容,自然引起众多研究者的研究,从近十年的文献来看,这仍是国防教育研究的热点。学者们对学生军训的意义、作用,学生军训存在问题,学生军训的模式做出探讨。如石连柱认为,学生军训是国家法律赋予普通高校的义务,是增强大学生国防观念的重要途径,是实施素质教育的重要环节。⑥ 更多学者探讨了学生军训的模式,如梁良、苗禄权认为,学生军训

---

① 张鸿来:《江苏省普通高校军事课课程建设评价指标体系研究》,载《继续教育》,2011年8期。
② 陆海燕:《体验式教学在军事理论课中的应用探析》,载《学理论》,2016年第11期。
③ 蒙晓影:《"SYB"模式在高职军事课教学中的探索与实践》,载《内蒙古教育》,2016年第4期。
④ 廖平、汪长亮、陈世鸿:《LBL、CBL、PBL、TBL教学法在军事理论课中的综合应用研究》,载《教育现代化》,2016年第3期。
⑤ 杨凯、戴谋元:《"慕课"视域下军事理论课教学研究》,载《湖北科技学院学报》,2016年第1期。
⑥ 石连柱:《试论普通高校开展学生军训的意义》,载《前沿》,2007年第4期。

基地化是普通高校学生军事技能训练的重要组织形式，对于提高学生军训效果、增强学生国防素质，具有十分重要的意义。① 陶国生认为，要充分认识学生军训工作地位与作用，健全完善学生军训工作机构，改进学生军训工作内容和方法，加强派遣军官队伍建设。② 但是，研究者对学生军训的意义和作用的论述基本上与国防教育混为一谈，并没有本质地揭露学生军训作为国防教育的特殊形式的独特作用，多是泛泛而谈。对学生军训的规律，对不同对象的要求、标准和组织，缺乏深入研究。

（五）国防教育其他问题研究

除了以上四个主要领域以外，有小部分学者开始对国防教育的基本理论、中外国防教育、国家领导人的国防教育思想等进行探索。

其一，国防教育基本理论研究。近十年来，个别学者开始从国防教育的学科理论的角度进行探索。如厦门大学的吴温暖教授，从学科建设的立场出发，对国防教育概念的学科定义，国防教育学的研究范畴等基础理论进行研究，认为应该加强国防教育的学科意识，大力开展相应的理论研究，努力争取外部建制的推动，早日创生国防教育学，以促进高等学校国防教育的良性发展。③ 有些学者从国防教育的本质研究国防教育的独特性。如黄晓波认为高校国防教育与高校德育的本质、内涵、目的都不一样，应分属于两个完全不同的学科，国防教育不应成为德育的"补充物"，应该有自己的学科立场。④ 但是，聚焦于国防教育基本理论研究的研究者很少，进行系统性研究的不多，成果不多。

其二，中外国防教育研究。有些研究者从不同角度研究国外国防教育的做法以及对我国国防教育带来的启示。如王建中从国防教育的目的、观念、立法、实践性和高校国防教育等五个方面，较全面地比较了朝鲜、以

---

① 梁良、苗禄权：《普通高校学生军训基地化的思考》，载《国防》，2016 年第 5 期。
② 陶国生：《当前学生军训工作亟须解决的几个问题》，载《国防》，2015 年第 3 期。
③ 吴温暖、郑宏、谢素蓉：《论国防教育学科的创生》，载《高等教育研究》，2008 年第 11 期。
④ 黄晓波：《高校国防教育的失位、错位与归位》，载《现代教育科学》，2009 年第 5 期。

色列、美国、俄罗斯、日本等国家的做法与中国的异同。① 有的学者从立法角度比较中外国防教育的异同，如胡光喜、陆华等从立法背景、立法目的、主要内容、法律地位、经费保障和影响范围等六个方面进行比较，从而揭示中美国防教育立法的异同。② 这方面研究的主要缺陷在于研究者没有很好地掌握和研读一手资料，主要参考间接资料，没有揭示出不同国家国防教育政治制度和军事制度因素的异同。

其三，国家领导人国防教育思想研究。有小部分研究者开始对我国历代国家领导人的国防教育思想进行梳理研究。如杨千里对毛泽东国防教育思想的研究。③ 徐东波对邓小平国防教育思想的主要特征和时代价值进行研究。④ 何珺、周晶对习近平国防教育思想进行研究。⑤

总体而言，近十年来，研究者对我国国防教育的研究范畴有所扩大，视野有所放宽。显著的变化是，已有个别研究者开始对国防教育基本理论进行有益的尝试，说明国防教育领域的研究者逐步加强学科意识；较多研究者聚焦于国防教育教学的创新研究，这符合《国家中长期教育改革和发展规划纲要（2010—2020 年）》提出提高教育教学质量的工作方针，说明国防教育的研究者善于把握时代要求和教育教学发展规律。但是，相比其他学科和领域的研究，除了以上从统计角度所揭示的不足之外，就研究内容和方法而言，国防教育研究仍处于较为薄弱的阶段。一是研究者基本上都是围绕学校特别是普通高校国防教育的范畴进行研究。尽管学校国防教育是全民国防教育的基础，普通高校开展国防教育更为普及化、常态化、理论化和系统化，对学校国防教育进行重点研究无可厚非。但只局限于此，而忽视对不同群体的国防教育的规律、内容等进行研究，显得研究者的视野较为狭隘，不利于全民国防教育的开展和国防教育学科的发展。二是对国防教育的研究普遍上还是

---

① 王建中：《中外国防教育：比较与启示》，载《江苏高教》，2011 年第 5 期。
② 胡光喜、陆华：《中美两国〈国防教育法〉比较》，载《比较教育研究》，2007 年第 4 期。
③ 杨千里：《论毛泽东国防教育思想及其当代价值》，载《教育教学论坛》，2015 年第 11 期。
④ 徐东波：《邓小平国防教育思想的特征与时代价值》，载《教育文化论坛》，2015 年第 3 期。
⑤ 何珺、周晶：《习近平同志国防教育思想探析》，载《东南大学学报（哲学社会科学版）》，2016 年第 12 期。

停留在经验总结上,重复性高,泛泛而谈。三是对国防教育的基本概念、基本要素、规律、本质、逻辑起点等基本理论研究不足。四是对国防教育的方法论研究基本没有涉及,研究方法基本上都是定性分析,缺乏实证研究。

## 三、国防教育研究展望

学科的理论体系是一门学科系统化的知识体系,"是关于该学科基本原则与结构的学说,它涉及学科的研究范围、基本原理、方式方法、研究观念与实践的目的等基本构成之间的关联"。[①] 一门学科是否成熟,其标志在于是否建立了这门学科的理论体系。正如黑格尔所说的那样:"哲学若没有体系,就不能成为科学。没有体系的哲学理论,只能表示个人主观的特殊心情,它的内容必定是带偶然性的。哲学的内容,只有作为全体中的有机环节,才能得到正确的证明,否则便只能是无根据的假设或个人主观的确信而已。"[②] 一门学科如果没有体系,就不能称之为学科,而只是凌乱的、片面的,或者是"机械的拼凑"。国防教育研究之所以存在诸多问题,其根源很可能在于没有从学科理论体系的角度把握好研究视野和范畴,从而导致我国国防教育研究成果缺乏学科研究所应具备的整体性和系统性。很多研究者没有明确的研究方向,"打一枪换一个地方",整体上给人一种支离破碎的零乱感觉,一篇文章涉足若干个研究领域,而在每个方面又都浅尝辄止。大多数研究者缺乏对国防教育的一些基本理论问题的探讨,而热衷于经验的总结。这种经验体系有一定的实用价值,它所提供的知识、经验、规范、措施、方法,对实际工作者有着直接的借鉴意义。但这些研究成果并不能完整地反映国防教育自身固有的内在逻辑,对人们把握国防教育的本质、基本原理和基本规律,正确处理新情况、新问题缺乏指导意义。这种价值作用只有科学的理论体系才具备。经验体系只是一门学科发展的初步阶段,实现由经验体系向理论体系的升华,才是学科发展成熟的

---

① 方汉文:《比较文学理论》,北京大学出版社,2013年版,第66页。
② 黑格尔:《小逻辑》,商务印书馆,1962年版,第56页。

标志。因此而言，要深化国防教育的研究，需要从构建国防教育的学科理论体系角度出发，全面、系统地进行研究。

根据马克思主义的观点，构建一门学科的理论体系的方法就是从抽象上升到具体。按照科学的方法论构建国防教育学科的理论体系，就是要将国防教育学科的理论体系按照从抽象上升到思维的具体的思路展开。首先，要找出该门学科的最基本、最抽象的科学概念作为理论体系展开的逻辑起点。确定逻辑起点的实质是揭示该门学科的研究对象是一种什么样的存在，称之为存在论。其次，从作为逻辑起点的最基本、最抽象的概念推演出能够抵达逻辑终点的中介概念，形成与之相联系的相应的判断，即该门学科的基本原理和规律，揭示事物的本质，称之为本质论。最后，从基本原理和规律向逻辑终点推进，推演出基本原理和规律在具体中的体现，得出各种具体的逻辑结论。在应用性学科中，逻辑终点就是基本原理和规律在实践中的应用，称之为实践论。

### （一）国防教育存在论

存在论部分的中心任务就是确定国防教育学科理论体系的逻辑起点。我们认为国防教育学科理论体系的逻辑起点是国防素养。这一概念是否符合一门学科的逻辑起点所必须具备的规定性呢？答案是肯定的。首先，国防素养是一个科学概念，它所反映的是现实的客观存在，具有明确的内涵和外延，是广为人们接受的概念。其次，国防素养是国防教育学科中最基本、最简单、最抽象的概念，其他概念（如国防教育、国防教育目标、国防教育制度、国防教育课程等）均可以通过国防素养加以说明，它们都是为了满足国防素养而产生、存在和发展的。国防素养这一概念在国防教育学科理论体系中居于核心地位，起着基础性作用。第三，国防素养包含了国防教育的一切矛盾的"胚胎"和"萌芽"。

存在论部分主要讨论以下三个方面的问题：一是国防教育的历史发展。由于学科理论体系的逻辑起点应与学科研究对象领域内人类实践活动的起点相一致，学科理论体系的逻辑演进应与学科研究对象领域内人类实践活动的发展相吻合。因此，在存在论中，首先从国防教育的历史发展来探讨国防教育是如何顺应国防素养而产生和发展的。战争是人类最古老最重要的实践活动之一。① 对于原始公社来说，战争就是为了占领生存的客观条件，② 事关部落防卫的重要问题。从彼时起，人类就开始了对战争的训练和教育，逐渐发展为对城邦的护卫，对现代国家主权和国家利益的维护，对习近平总书记提出的总体安全的保障，都是国防教育对公民国防素养内涵不断丰富所做出的反应。因此，加强对国防教育历史演变研究是构建国防教育理论体系的重要内容。二是国防教育与国家防卫的关系。国防教育产生和发展的动力源于国家防卫的需要，国防教育的发展也促进了国家防卫的发展。在这方面有许多问题需要进一步研究，如国防教育在国家防卫的地位和作用，国家防卫对国防教育的要求是否一致，国防教育如何满足国家防卫不同时期的不同要求等。三是国防教育的比较研究。一国的国防教育受制于该国的政治制度、军事制度和教育制度，不同的国防教育模式反映了不同国家对全民国防素养的需要和满足这种需要的方式的不同理解。当今世界各国的政治制度、军事制度和教育制度迥异，各国构建了各具特色的国防教育模式，如何比较和借鉴他国国防教育的做法和经验，促进我国国防教育的科学发展，是国防教育学科理论体系的重要构成部分。

## （二）国防教育本质论

国防教育的本质论主要是探讨国防教育的基本原理。这一部分内容主要讨论两个方面的问题：一是国防教育的本质。国防教育是一种培养和提高公民国防素养的教育活动。这是因为国防教育产生于国家防卫、国家安全和国家利益对公民国防素养的需要，离开了国防素养，就无所谓国防教育。二是国防教育的基本规律。国防教育的基本规律是由国防教育的特点和职能决定的。国防教育既不同于一般的、普通的教育活动，也不同于军

---

① 彭光谦、任向群、萧大维：《军事学是什么》，北京大学出版社，2009年版，第13页。
② 马克思：《政治经济学批判（1857—1858年草稿）》，转引自马克思、恩格斯：《马克思恩格斯全集（第46卷上册）》，人民出版社，1979年版，第475页。

事教育和思想政治教育，尽管国防教育与军事教育、思想政治教育存在极大的相似性。任何教育活动的基本关系都是由人、社会和教育三者构成，教育与人的发展的关系、教育与社会发展的关系、人的发展与社会发展的关系，构成了教育的基本规律。关于军事教育和思想政治教育的基本规律，军事学和政治学等学科已有充分的研究。国防教育作为教育的组成部分，自然要受教育基本规律的制约，但同时也应有其自身的特殊规律。那么，国防教育有哪些基本规律？国防教育基本规律与军事教育、思想政治教育基本规律、教育基本规律的关系如何？国防教育学科的性质、研究对象和范围、研究方法等理论问题，都需要进行研究。

### （三）国防教育实践论

国防教育的实践论旨在用理论指导国防教育实践。国防教育学科主要是一门应用性学科。因此，实践论在国防教育学科理论体系中占有十分重要的地位。实践论部分主要讨论的问题有：一是国防教育目标。国防教育的目标规定着国防教育的种类、层次、规格和要求。主要探讨教育目的与国防教育目标的关系、制定国防教育目标的依据、各级各类群体国防教育的目标与具体培养规格、国防教育目标的发展趋势等问题。二是国防教育制度。国防教育制度是指国防教育方针政策和指导具体工作的一些具体措施、规范和保证，主要探讨国防教育方针政策等问题。三是国防教育结构。国防教育的结构是指国防教育系统内各组成部分之间的联系方式和比例关系，主要包括层次结构、形式结构、区域结构以及影响国防教育结构的因素等问题。四是国防教育体制与组织。国防教育的组织是指实施国防教育宏观体制、中观体制和微观体制及其相互关系，主要探讨国防教育的实施机构等问题。五是国防教育途径与方法。国防教育途径与方法是指培养和提高各类群体国防素养的具体措施，主要探讨课程学习与教学、科学研究、社会实践以及国防教育模式的选择等问题。六是国防教育评价体系。国防教育评价是指根据一定的标准，用科学的方法和途径，系统地收集和分析信息，对国防教育现象及其属性进行价值判断的过程。主要探讨国防教育评价的意义、作用、类型、原则和方法等等。七是国防教育师资队伍建设。作为试点单位，曾经只有厦门大学等六所普通大学设置了国防教育专业硕士，积累了一定的经验，但作为一个专业，培养目的、课程设置、培养方式和规模等问题还没有得到深入的研究。如何实现军民融合的方式培养国防教育师资队伍更是新时期国防教育研究的范畴。

# "强军梦"统领下的大学生军训改革路径探索

## ——基于重庆市五所高校 2685 份调查问卷的调研报告

姜春英　朱华光　雷选标[*]

**摘　要**：在推动军民融合军民共建深度发展、深入开展爱国主义教育的背景下，"强军梦"的提出不仅对国防和军队产生深远影响，而且也为新形势下的大学生军训工作赋予了时代内涵，提出了更高要求，指明了发展方向。要紧紧围绕"强军梦"战略目标，对大学生军训工作进行大刀阔斧的改革，构建一套具有内容的时代化、过程的科学化、成果的长效化和保障的制度化特点的军训体系，最大限度地发挥军训在培养高素质新型军事人才和国防后备力量方面的效能。通过问卷调查分析的方式，了解大学生对于军训的认知情况，总结军训开展的实际效果，探讨军训存在的系列问题，从更新观念、规范管理、优化内容、科学施训四个方面，提出大学生军训改革路径的建议。

**关键词**："强军梦"；大学生军训；调研报告

---

[*] 作者简介：姜春英（1981 年—），女，山东烟台人，重庆旅游职业学院副教授，硕士，主要从事国防教育研究和思想政治教育研究。

基金项目：2014 年重庆市高等教育教学改革研究课题重点项目"'强军梦'统领下的高校国防教育模式创新与改革研究"（项目编号：142070）。

党的十八大以来，习近平主席站在时代发展和中华民族伟大复兴的战略高度，鲜明提出了"强军梦"伟大使命，在推动军民融合军民共建深度发展、深入开展爱国主义教育的背景下，"强军梦"的提出不仅对国防和军队产生深远影响，而且也为新形势下的大学生军训工作赋予了时代内涵、提出了更高要求、指明了发展方向。国家于2013年发布的《教育部总参谋部总政治部关于全面提高学生军事训练质量的通知》（教体艺〔2013〕1号）（以下简称《通知》）告诉我们，大学生军训工作虽然已经取得了不少有目共睹的成绩，但是与我国综合国力不断增强、国家发展面临挑战不断增多、世界新军事革命不断推进、高等教育改革不断深入的形势相比较，差距很明显、问题很突出、需求很紧迫、任务很艰巨。因此，新形势下深化大学生军训改革，要从国家安全发展战略全局高度出发，以"强军梦"为统领，积极拓展新思路、创造新方法、探索新路径，着力构建适应时代发展和使命任务、符合教育规律和学生特点的融科学性、时代性、实效性为一体的大学生军训工作新格局。本文通过问卷调查分析的方式，了解大学生对于军训的认知情况，总结军训开展的实际效果，探讨军训存在的系列问题，进而提出大学生军训改革路径的建议。

## 一、研究方法与思路

课题组在充分参考了军事专家、军训教官、军事教育工作者以及大学生意见的基础上设计调查问卷，在重庆市分别选取了有代表性的五所高校学生作为调研对象，分别是：A（教育部直属的综合性大学）、B（地方本科大学）、C（民办独立学院）、D（理工类为主的高职院校）、E（文史类为主的高职院校）。在新生结束军训的三个月后，对这五所高校学生进行了问卷调查，所有参加调研学生均参加过军训，调查对象涵盖不同性别、年级和专业，根据分层取样原则选择被试，共发放问卷2892份，回收有效问卷2685份，有效问卷回收率为92.8%，调查对象的基本情况如表1所示。本研究采取问卷调查为主、个别访谈为辅的方法，在发放问卷的同时对五所高校的不同性别、专业、年级的30名学生以及10名教师进行了深度访谈；本研究根据不同问题特点，采取了全部对象分析和局部对象分析相结合，横向分析和纵向分析相结合的方法。

表1 调查对象的基本情况

|  | 性别 || 年级 |||| 专业 ||||| 学校 |||||
|---|---|---|---|---|---|---|---|---|---|---|---|---|---|---|---|---|
|  | 男 | 女 | 大一 | 大二 | 大三 | 大四 | 文史类 | 理工类 | 经管类 | 农医类 | 艺术类 | A | B | C | D | E |
| 人数 | 1396 | 1289 | 794 | 635 | 620 | 636 | 569 | 597 | 552 | 454 | 513 | 602 | 577 | 531 | 479 | 496 |
| 占总人数的百分比 | 52% | 48% | 30% | 24% | 23% | 23% | 21% | 22% | 21% | 17% | 19% | 22% | 21% | 20% | 18% | 18% |

## 二、大学生对于军训的认知情况分析

本次问卷主要调研了大学生对军训的整体评价，军训的作用、开展时间及内容形式的认知情况。通过调研和访谈，可以更加真切真观地了解大学生对军训的认知情况以及军训开展的实际效果。

### （一）大学生对军训的整体评价
**1. 军训整体满意度**

关于对本校军训是否满意，是否达到自己预期这一问题，采用从非常不满意到非常满意五等级评分（非常不满意、不满意、一般满意、满意、非常满意）。结果显示，有20.5%的学生对军训非常满意或满意，有29.3%的学生对军训一般满意，有50.2%的学生对军训不满意或非常不满意。五所高校学生在这一问题上的调查结果如表2所示。

通过图1可以看出，超过半数的大学生对本校军训开展情况是不够满意的，而在满意选项中，"一般满意"所占比例均偏高，即使像A这样的

985高校，仍然有46.3%的学生不太满意。

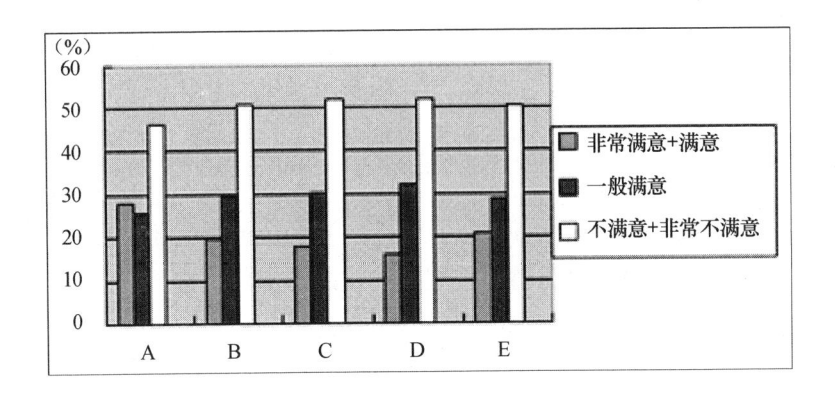

**图1 军训整体满意度情况**

## 2. 军训改革的必要性

关于本校军训是否有必要改革这一问题，结果有43.9%的学生认为非常需要改革，认为需要改革的学生比例高达82.2%。五所高校学生在这一问题上的调查结果如图2所示。

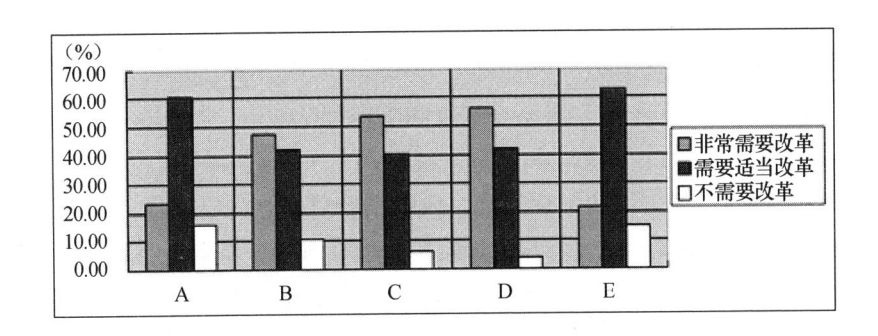

**图2 军训改革的必要性**

通过图2可以看出，大学生希望军训进行改革的意愿非常强烈，即使对于A，仍然有高达82%的学生认为军训需要改革。这一问题结果正好呼应了"军训整体满意度"的调查结果，也就是说，大学生对于军训的满意度有多低就意味着希望改革的呼声有多高。

**3. 军训开展的必要性**

关于是否有必要开展军训这一问题,结果有高达90.6%学生认为开展军训是有必要的,在这其中大一至大四学生分别占比为:23.1%、22.2%、22.5%、22.8%。五所高校学生在这一问题上的调查结果如图3所示。

从数据可以看出,五所高校以及四个年级的统计数据非常接近,可见大学生群体对于军训开展是普遍持期待和欢迎态度的,这一结果有力回击了社会上一些有关废除军训的因噎废食的荒唐之言。

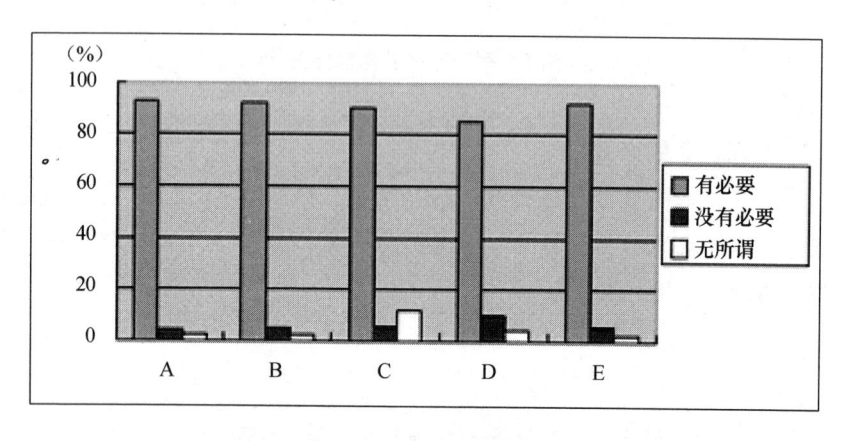

**图3 开展军训的必要性**

通过以上三个维度的调查分析,同时结合访谈,可以发现,军训作为大学生涯的第一课对学生所产生的影响是其他任何课程和活动所无法替代和相提并论的,虽然大学生对于军训的满意度较低,但是并不代表他们讨厌和排斥军训,恰好相反的是非常期待和欢迎,只是需要通过改革加以完善。

### (二)大学生对军训作用的认知情况

**1. 军训的收获**

关于"军训带给你的收获是什么"(可多选)这一问题,综合调查结果如表2所示。

**表2 军训带来的收获**

| 选项序号 | 选项内容 | 选择比例 |
|---|---|---|
| 1 | 增强体质，强健体魄 | 63.4% |
| 2 | 锻炼吃苦耐劳、坚韧顽强的意志力 | 87.2% |
| 3 | 培养组织纪律性、集体荣誉感和团结互助精神 | 84.7% |
| 4 | 养成良好的生活作息习惯和健康的生活方式 | 92.5% |
| 5 | 激发爱国主义热情，培养爱军习武精神 | 32.2% |
| 6 | 增长国防知识，提高国防观念，增强自觉履行国防义务的责任感 | 30.6% |
| 7 | 激发参军入伍的愿望 | 17.9% |
| 8 | 学会使用消防器材，掌握消防逃生基本常识和技能 | 38.1% |
| 9 | 了解和掌握民防救护的一般常识和技能 | 24.5% |

通过表2可以看出，大学生在体质、思想、作风、纪律、技能等各方面都有所锻炼和提高，尤其是在增强体质、锻炼意志力、培养组织纪律性、养成良好生活作息习惯方面有着突出的作用，这也正好反映出当代大学生普遍存在着缺乏锻炼、生活作息不规律、体质下降、心理脆弱、团队意识较差等现象。军训还有两项重要功能是提高大学生的国防意识以及为国家储备合格兵员和预备役军官，这两个功能主要体现在问题选项的后五项，很明显，后五项比例明显低于前四项，这不得不引起重视。为了更深入地分析，课题组着重比较了五所高校学生在后五项上的比例分布，如图4所示。

从图4可以看出，A和E在各选项的比例比较接近并明显高于其他三所高校，通过访谈得知，这两所高校的军训课目中除了有传统的"老三样"，还增加了有关消防逃生、民防救护知识与技能的讲授；这两所高校都邀请军事专家做过专题讲座，均围绕征兵入伍做过专题宣传；这两所高校均系统开设了军事理论课，其中A在军训期间开展，E在军训结束后按照每周两课时开展并辅以丰富的课内外活动。在选项6上，E略高于A，

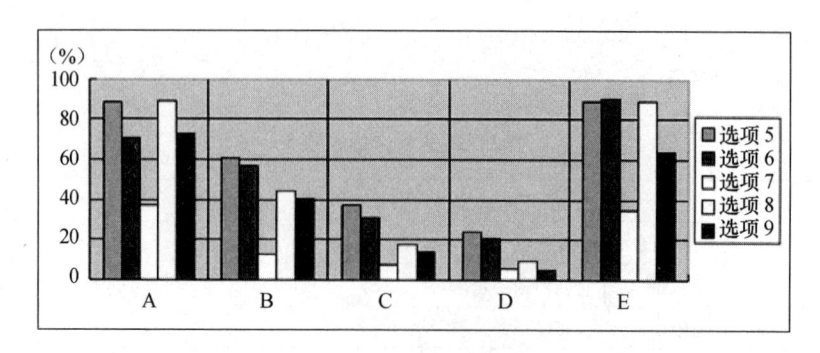

图 4　选项 5—选项 9 分析

这就说明军事理论课按照正常课程形式开展的重要性。在选项 7 上，E 与 A 的比例接近，达到 38.1%，作为一所女生偏多的文科类高职院校来说，实属不易。另外三所高校在军训中没有加入有关消防逃生、民防救护技能训练部分，军事理论课是在军训期间以讲座开展。由此对比，可以发现，传统的军训"老三样"作用非常有限，必须综合运用多种手段不断丰富军训内涵，才能达到军训的预期目标。

**2. 军训后的变化状况**

军训后的大学生能否继续保持军训期间培养的良好习惯以及保持的程度是很多人关心的问题，该问题采用五等级评分，结果显示超过半数（51.4%）的学生变化很小，只能偶尔保持或不保持军训时的良好习惯。在剩余保持较好的 48.6% 的学生中，再进一步计算不同年级学生的比例分布情况，结果显示，大一至大四学生所占比例分别为 25.3%、11.2%、7.1%、5%。由此可以看出，军训良好习惯的保持在大一年级是相对最好的，并随着年级增长不断降低，尤其是在大二时降低的幅度最大。即使在大一年级，保持程度也是随着时间推移在不断弱化，在"军训对学生行为态度的影响时长"这道题中，选择影响时长为一个月、三个月、半年、一年的比例分别为 79.3%、48.5%、24.9%、14.2%，其中半年左右是降幅最大的，这一情况说明，军训的效果在短期内能较好保持，如果不及时并且持续施加外部影响，短期效果会逐渐消退。

通过对以上两个维度的分析，可以发现，每个学生都能够通过军训得到不同程度的收获，军训的内涵越丰富，学生的收获就越大。但是军训对学生施加的影响不是一成不变的，随着时间推移会逐渐弱化，这就要求学校要在军训后采取跟进措施进一步巩固军训成果。

### (三) 大学生对军训开展时间、形式与内容的认知状况

**1. 军训开展的时间**

围绕军训开展的时间问题，设置了"你希望什么时候开展""一次开展多长时间""开展几次"这样几个问题。结果显示，有76.3%的学生希望在大一开学初开展，这一数据说明大学生虽然要克服气候炎热、环境生疏等困难，但是军训也能帮助学生快速融入新环境新集体，它所带来的深刻的第一影响力是学生毕生难忘的美好回忆。希望一次军训开展一周、十天、两周、三周、一个月时间的学生比例分别为22.7%、24.2%、32.9%、13.1%、7.1%，其中有57.1%的学生选择了十天到两周之间，有36.9%的学生选择了两周以上的时间，这一数据说明，目前大多数高校开展持续两周时间的军训是符合学生实际需求的，同时36.9%的数据也说明有相当部分学生能够接受两周以上时间的强度。希望大学期间开展军训的次数为总共一次、每两年一次、每年一次、每学期一次的学生比例分别为36.8%、21.5%、29.6%、12.1%，结果表明有63.2%的学生希望军训要多次开展，甚至有41.7%的学生希望开展四次以上，这一数据呼应了前面得出的"90.6%的学生认同开展军训的必要性"这一结论。很明显，教育工作者低估了学生对于军训的需求度，在访谈中得知，在宽松自由的大学环境里，自控力相对较弱的大学生希望通过外力的强化刺激促使自己的能力和素质不断提高。

**2. 军训开展的形式与内容**

对于军训开展地点的问题，选择学校、部队营区、军训基地的学生比例分别为20.7%、40.6%、38.7%，有79.3%的学生更倾向在校外开展军训，尤其是在部队军营里开展，能够体验到真正的"军味"，但是现实情况是由于客观条件限制，大多数高校只能在校内开展军训。接着又设置了

"如果客观条件限制，只能在校内开展军训，你是否接受"这一问题，有90.4%的学生选择了非常能接受或比较能接受。围绕军训教官这一核心岗位设置了"教官对你的影响大吗""你喜欢什么样的教官""你希望谁来担任教官""你是否接受由经过训练的高年级学生担任教官""你希望将来成为教官吗"这几个问题。结果显示，76.9%的学生认为教官对自己的影响非常大或比较大，98%以上的学生喜欢具备扎实素质、干练果断、恩威并重、耐心幽默的教官。虽然有83.6%的学生希望由现役军人来担任军训教官，但是在回答"如果客观条件限制，是否接受由经过专门训练的高年级学生担任教官"这一问题时，仍有69.1%的学生表示能够接受。而且，有38.5%的学生表达了"非常希望或比较希望"成为未来军训教官的愿望。

军训的内容设置是大学生普遍关心的问题，关于"在你学校目前开设的军训课目中，你喜欢哪些课目"（可多选）这一问题，排在前几位的分别是"消防知识与消防器材操作训练"（98.3%）、"民防救护训练"（97.6%）、"参观军营"（94.9%）、"军事理论课或军事专题讲座"（88.2%）、"唱军歌比赛"（75.3%）、"野外拉练"（66.1%）、"观看军事影片"（42.7%），而传统的队列训练、内务整理的选择率明显低于上述各项，均在30%以下。关于"你希望军训中应着重突出或增加哪些课目"（可多选）这一问题，按照比例高低的顺序排列如表3所示。表3中的选项大多是目前高校没有开展或较少开展的课目，但却都是紧扣时代背景和现实需求的课目。通过数据可以看出，大学生对这些课目的学习愿望有多么强烈和迫切。

表3 你希望军训中应着重突出或增加哪些课目

| 选项序号 | 选项内容 | 选择比例 |
| --- | --- | --- |
| 1 | 紧急疏散与消防技能训练 | 99.5% |
| 2 | 防火、防震、防恐、防空知识及自救互救技能训练 | 98.2% |
| 3 | 实弹射击训练 | 93.7% |
| 4 | 反恐防暴技能训练 | 90.1% |

续表

| 选项序号 | 选项内容 | 选择比例 |
| --- | --- | --- |
| 5 | 擒敌拳与防身术训练 | 87.9% |
| 5 | 定向越野训练 | 84.5% |
| 6 | 军事素质拓展项目 | 80.4% |
| 7 | 各种团体比赛活动 | 74.8% |
| 8 | 军事理论课教学 | 68.4% |
| 9 | 军营文化宣传或征兵宣传 | 56.3% |

通过以上分析可以看出，大学生在军训中长期处于"吃不饱"的状态，不仅"吃饭"时间短促只能狼吞虎咽，而且"饭"的种类和质量让人无法恭维，即便是在这种情况下，大学生也对军训给予了最大程度的包容和期待。对此，军事教育工作者用大刀阔斧的军训改革来积极回应大学生群体的需求和期待已责无旁贷。

## 三、军训存在的问题与不足

通过问卷调查和个人访谈，可以发现，虽然大学生普遍对军训这顿"大餐"抱有很大期望，希望它既营养又美味，但是实际情况是很多学生不仅没有"吃好"，而且没有"吃饱"，甚至处于"饥肠辘辘""营养不良"的状态。究其原因，主要体现在以下三个方面。

### （一）军训的硬件设施和师资力量缺乏保障

首先，军训的硬件设施缺乏保障。军训硬件设施的保障，表现为"三难"："军训经费落实难、军训教器材保障落实难、基地化训练落实难"。[①] 由于训练场地、训练器材和训练经费保障不到位，使很多训练课目无法完成，诸如轻武器射击、军事地形学、战术训练、无线电测

---

① 王红康：《当前学生军训工作中存在的薄弱环节及对策》，载《国防》，2008年第1期。

向等，使军训的效果大打折扣。其次，军训的师资力量缺乏保障。一是教官缺乏：一方面，由于承训官兵需求量大与部队战备训练任务重之间的矛盾而导致数量上的不足；另一方面，军训教官队伍存在着整体能力素质和履职尽责情况良莠不齐的现象。二是教师缺乏：目前的高校国防教育师资队伍建设发展进程缓慢且不平衡，面临着诸多瓶颈，如军事教师培养机制未建立、职称评聘渠道不畅通、专职教师配备不足、专业化程度不高等。

（二）军训的内容设置和手段运用脱离时代

"军训的问题不在于存废之争，而在于形式和内容。"[1] 历经多年发展，军训虽然已经成为普通高校学生的必修课，但在内容设置和手段运用方面尚处于较低层次阶段，表现为内容陈旧、形式单一，基本是对中学军训内容的循环重复，大部分高校仍将队列训练作为军训的主要内容，《大纲》规定的其他训练内容则被取消或一带而过，"重表演轻基础、重院校所需轻大纲规定，以及随意减免训练内容、缩短训练时间、降低训练标准等问题"。[2] 形式主义和应付主义比较突出的军训，已经不适应新时期的形势要求，难以跟上时代的发展步伐，达不到军训的预期目标。这样的军训如同鸡肋，既难以调动学生参训的积极性，也难以有效地培养国防后备力量。

（三）军训的后期成果和长期影响难以维持

我国高校军训的基本模式是新生入校后集中短期强化军事训练，短期效应明显，但是"强化性教育产生的速效结果是有限的，当环境条件变化和随着时间的推移，往往容易反复衰减"。[3] 事实确实如此，调查问卷显示，军训结束后，能继续长期保持军训优良作风的学生少之又少，相当于

---

[1] 徐晓兵：《军训需要与时俱进进行改革》，载《兰州日报》，2014年9月23日。
[2] 伊力夏提·霍加义：《提升学生军训工作质量效益的几点思考》，载《国防》，2015年第3期。
[3] 刘明礼、张冠珠：《大学生军训成果长效化的实践与思考》，载《山东省青年管理干部学院学报》，1999年第6期。

耗费了大量的人力、物力、财力，却竹篮打水一场空。因此，为了使军训成果长效化，不能"毕其功于一役"，必须在"短期效应"的基础上打好"持久战"。

## 四、改进军训工作的对策建议

大学生军训改革工作是一项复杂而艰巨的系统工程，只有做到深化战略认识，做好顶层设计，加强组织管理，优化内容手段，才能使军训改革工作真正落到实处。

### （一）更新观念，深化战略认识

"强军梦"，不只是中国军人的梦，而是需要全体中华儿女共同构筑的梦。"人才是兴军之本"，尤其是在我军深入开展信息化军事训练、加快转变战斗力生成模式、加速实现两个转变的背景下，提高官兵素质，加强高素质军事人才队伍建设是实现强军目标的必然要求。"大学生作为高技术人才队伍的主体，无论在年龄、知识还是素质方面都是高素质新型军事人才的首选培养对象"[1]，2011年《兵役法》的修订，反映出了国家需要从普通高校这个"准高素质新型军事人才"培养基地里吸取大量优质兵员的迫切形势，而军训无疑在培育高素质新型军事人才和高素质国防后备力量方面具有重要作用。但是长期以来，政府、社会、学校等各层面对学生军训在"储备合格兵员和培养预备役军官"作用的认知普遍不足，大多停留于"说起来重要，做起来次要"的局面。因此，进行大学生军训改革，首要任务是更新观念、深化认识、统一思想，具体说来就是要更新"军训只是一门必修课"的观念，要深化"军训事关国家安全和国防建设全局"的认识，要统一"军训服务于'强军梦'战略目标"的思想。

---

[1] 姜春英：《强军梦与高校国防教育》，载《陕西学前师范学院学报》，2013年第3期。

## (二) 规范管理，加强组织领导

首先，健全组织领导体系。加强国家层面统筹协调，以国家国防教育办公室作为军地双方军训工作开展的统领机构，在党政军各级部门以及各高校成立学生军训领导小组和学生军训工作办公室，把学生军训工作纳入到经济社会发展总体规划，纳入到党政机关目标绩效管理考评体系，纳入到国防和军队改革体系，纳入到军民融合式培养人才机制，纳入到高校人才质量培养评估体系，完善相关法律法规体系，突出战略地位、加强统筹领导、配齐工作人员、理顺工作关系、规范工作责任，确保学生军训工作有领导抓、有专人管，形成国家、政府、军队、高校、社会各层面相互联动，形成合力的组织领导体系。

其次，健全综合保障机制。各级党政部门承担着统筹领导学生军训工作具体落实的重要职责，要整合各类军训主体力量，在人、财、物等方面全力保障学生军训工作的顺利开展。第一，在各级政府财政预算中设立大学生军训专项经费，设定最低限额，由财政综合统筹、单独预算、专项拨付。第二，把学生军训基地建设及国防教育活动开展纳入城市文化发展和军民共建项目中，通过政府主导和社会参与的方式积极推进军训基地建设和国防教育繁荣。第三，加强国防教育师资队伍建设，完善师资选拔与培训机制，成立国防教育专家团和国防教育老战士志愿团，建立国家级国防教育信息资源库和大学生国防教育记录系统，实施多元化的军训教官培养机制，制定军训教官资格认证制度和奖惩退出机制。第四，着力解决军民融合式培养人才机制存在的矛盾问题，驻地部队和军事院校要积极行动、主动作为，协同党政职能部门搞好学生军训工作的组织、协调和保障，帮助提供必要的人才、场地、物资器材等保障，充分发挥模范带头和参谋助手的作用。

最后，健全奖惩激励机制。建立一套覆盖各级党政机关、军队和军事院校、普通高校、企业等多主体的奖惩激励机制，将大学生军训工作开展情况作为领导干部绩效考评、军队贯彻军民融合发展机制、高校人才质量培养评估考核的重要指标，对积极参与军训基地建设的企业给予减免税收等优惠政策。制定高校军训师资选拔培养和奖惩机制，对于表现优异者在评职评优、培训进修等方面给予倾斜。制定军训教官行为规范和奖惩退出机制，搞好训前教育和示范培训，定期清理不合格军训教官。建立国家级大学生国防教育记录系统，使大学生参加国防教育的情况成为国家公务部门和企事业单位录用人才的参考条件。

（三）优化内容，对接时代要求

一方面，在"强军梦"的指引下，全军上下按照"能打仗、打胜仗"和"召之即来、来之能战、战之必胜"的目标要求扎实推进军事斗争的各项准备；另一方面，面对日益增多的突发公共事件、恐怖威胁、地震火灾等天灾人祸，只有将大学生军训内容对接现代军事变革的战略需要，对接当前国家安全形势和时代要求，才能确保打赢信息化条件下的人民战争，才能真正提高军训工作的实效性。按照凸显科学性、实用性、趣味性的原则将大学生军训内容优化设置为三个模块，分别为基础技能模块、平战结合技能模块、政策理论模块。

首先，基础技能模块。传统军训中的"老三样"站军姿、齐步走和队列训练虽然为人所诟病，但是也不能否认其价值，它们不仅是"一切军事动作之母"，而且可以磨练学生意志品质、强化学生纪律观念和团队协作意识，只是训练时间不宜过长，大约占军训时间的五分之一即可，这样既可以达到训练效果，又不会引起学生的厌烦。

其次，平战结合技能模块。《通知》强调要"坚决杜绝单纯追求汇报演示效果，只重视队列等科目训练而偏废其他科目训练的形式主义倾向"，要"拓展军事技能训练的深度和广度，拓展平战结合的实用性训练内容"，如"开展军用枪射击、单兵战术、障碍跨越、捕俘拳、定向越野、野外生存、无线电测向、规避灾害、防空逃生、自救互救等课目训练"。传统的军训内容既不能适应当代军事形势的发展，也无法应对社会中各种突发公共事件，因此要根据大学生的特点，与时俱进地创新优化军训内容，增加军训的实用性和实战性，应将生化袭击防护、战场救护、紧急疏散、防火防震防爆、野外生存、自我防卫、无线电测向、识图用图等具有平战结合、军地两用性质的课目纳入其中并作为军训的主要内容，在提高学生应急避险、自救互救和战场生存能力的同时，还可以培养学生的组织协调能力、团队协作精神以及临危不惧的心理素质，全面锻炼学生的军事素质，为培养高素质兵员和提高全民国防动员能力打下坚实基础。

最后，政策理论模块。国家为了激励更多有志于国防和军队建设的大学生积极投身到军营中来，2011年新修订的《兵役法》以调整征集范围为亮点，其中对大学生征集要求的调整和一系列优惠政策的出台，成为其显著特征。对此，高校和各地征兵办公室要利用新生军训的契机，可以采用专题讲座、文艺节目、电话热线等方式，大力宣传和深入解读征兵政策，并积极营造为国参军光荣的舆论氛围。此外，安排一定时间以专题讲座、知识竞赛或军事理论课的形式进行理论教育，在内容上着重突出"总体国家安全观"、海洋安全、网络信息安全、太空安全以及信息化战争方面的教育，尤其要加强关于警惕西方敌对势力对我国进行意识形态渗透和文化"冷战"方面的教育。

### （四）科学施训，注重长期效果

军训成果的巩固和长效化很不理想，这既是各高校普遍存在的问题，也是军训为人所诟病的重要原因。要解决这个问题，可以从以下三个方面进行重点突破。

首先，军训教官方面。军训教官在军训过程中的作用是不言而喻的，目前困扰高校的问题主要体现为教官数量不足以及教官素质参差不齐，导致高校即使有好的军训课目设计，但是却没人教或教不好。因此，有必要拓宽军训教官来源渠道，建立多元化军训教官培养机制，一方面积极吸收来自于包括公安部门、退役军人、体育工作者在内的优秀人员；另一方面充分挖掘高校学生自身潜力，即通过培养学生教官，形成"部队和学生教官共同施训""部队主训，军学共训"的机制。高年级品学兼优的学生骨干在寒暑假期间到部队集训后，经严格考核合格后才能获取学生教官的资格。目前一些高校正在尝试类似做法，例如宁波大红鹰学院的"学生军训教导队模式"①、中山大学的"国防生训练新生模式"②。这种做法的优势在于：一是学生教官对受训新生的心理活动比较了解，能更有针对性地对其进行言传身教，有利于提高受训学生的积极性和训练效果。二是学生教官有助于巩固军训成果和促进校风建设。通过培养一支稳定的学生教官队伍，为巩固军训成果提供了有力保障，军训结束后可充分发挥学生教官在学生管理工作中的作用，用军训的标准管理塑造学生，以继续保持军训成果，使军训摆脱短期突击的传统模式，形成具有长期性和可持续性的军训文化。三是培养了一大批优秀的国防后备力量，为储备国防后备兵员、培养预备役军官探索一条新路。

其次，军训时间安排方面。"大学生的思想观念和各项素质的形成是一个渐进的过程。依据心理学的强化理论，学生行为如果不断受到强化，是可以形成习惯的。"③ 因此，对于军训这门"必修课"，必须要不断"复习"。通过调查问卷可以发现，在整个大学生涯，只有一次为期2周的军训无法满足大学生的需求。因此，应将军训在时间和频次上加以延长，可以采取两种方式：一是每学期都开展为期1—2周的军训活动；二是每学年都开展为期2—4周的军训活动。

最后，军事理论课设置方面。《通知》中强调，"高等学校不得以讲座代替军事理论教学，要严格按照公共必修课的教学要求，加强教学管理。"这句话指出了当前高校普遍存在的现象：以军训期间的讲座代替军事理论课教学，军训结束，随之军事理论课教学也结束，能够按照公共必修课形式开展的高校很少。根据调查问卷发现，以课程形式开展的军事理论教育，可以使学生在整个学期中都接受国防教育的熏陶，学生的国防意识和国防行为在熏陶中逐渐产生和不断强化，即使和军事讲座的课时数量相

---

① 吴勇：《学校军训教学模式改革的探索与实践——以宁波大红鹰学院为例》，载《中国教育学刊》，2013年第6期。
② 古添雄：《高校学生军训管理研究——基于中山大学"一体两翼"军训管理实践》，硕士学位论文，天津师范大学，2000年，第28页。
③ 车小英：《高校大学生军训成果长效化的探索与思考——以钦州学院为例》，载《湖北函授大学学报》，2014年第2期。

同,但是效果也远好于单纯的军事讲座。因此,国家应下大力气推行军事理论课在各高校普及的工作。要形成必修课和选修课相结合的军事课程体系,第一学年以公共必修课形式开展,第二学年以后以选修课形式开展。在"互联网+"背景下,应着力建设并推出一批国家级优质军事理论视频公开课教学资源。同时,建立国防教育的学生社团,依托学生社团长期开展校内外的国防教育活动,来拓展军事理论课的内涵和外延,使其发挥最大效果。

总之,要紧紧围绕"强军梦"战略目标,从战略高度深刻认识大学生军训在国家安全和国防建设中的重要意义,对大学生军训工作进行大刀阔斧地改革,构建一套具有内容的时代化、过程的科学化、成果的长效化和保障的制度化特点的军训体系,从而最大限度地释放和发挥军训在培养高素质的新型军事人才和国防后备力量方面的效能,为实现"强军梦"提供强有力的智力支持和人才支撑。

# 新形势下学生军训工作创新发展思考

李剑利[*]

**摘 要**：2001年国家总结学生军训工作试点经验出台国办发［2001］48号文件，对学生军训工作做了全面规范。学生军训工作从此由局部走向全面。1999年起全国高校连续扩招，到2002年大学毛入学率达到15.6%，高等教育由精英教育进入大众化阶段。2001年以来军队经历了两轮编制体制调整改革。48号文件所设定的学生军训模式，受到了高等教育大众化、军队调整改革的双重挑战。思考新形势下学生军训工作，必须回答"谁主训、谁参训、训什么、如何训、达到什么目标"等根本性问题。本文提出学生军训新模式：大学生军训应当以培养国防后备力量为目标牵引，以编入预备役部队服第一类预备役的大学生为重点，以预备役部队为主要承训力量，区别服第一类预备役的大学生、普通大学生和高中生三个层次调整训练内容，持续推进训练秩序规范化，努力建立一套低成本、高效益、可持续的军训新模式。

**关键词**：学生军训；挑战；预备役

---

[*] 作者简介：李剑利（1978年—），男，哲学硕士，山西省军区学生军训教研室教员，主要从事高校军事课教学和研究。

## 一、现行军训模式面临的挑战

1955年7月全国人大第二次会议审议通过了第一部《兵役法》，规定"高级中学或相当于高级中学的学校学生，应当在学校内接受征集前的军事训练"。但由于学生课业负担重、装备器材保障跟不上等多种因素制约，1957年学生军训试点被暂停。1984年第二部《兵役法》出台后，1985年学生军训试点再次启动，经过15年试点，2001年出台了《关于在普通高等学校和高级中学开展学生军事训练工作意见的通知》（以下简称《意见》）国办发〔2001〕48号文件，标志着学生军训工作由局部试点走向全面推开。《意见》肯定的军训模式是：课程定位上，把军训作为普通高等学校本、专科学生的必修课。训练方式上，军训分军事理论教学和军事技能训练两个部分。组织形式上，军事理论采取课堂教学的形式进行，军事技能训练主要采取校内集中组织实施或训练基地分批轮训的形式进行。帮训力量上，安排部队派战士帮助训练；学生军训所需的军事教师，采取学校聘任与部队派遣相结合的办法解决。器材保障上，由各省军区在民兵武器装备中调整解决。

### （一）军训工作面临高等教育大众化的挑战

按照美国学者马丁·特罗的研究，如果以高等教育毛入学率为指标，当适龄青年高等教育毛入学率达到15%时，高等教育就进入了大众化阶段。2002年我国高等教育毛入学率达到15.6%，标志着我国高等教育进入了大众化阶段。美国高等教育家克尔曾这样指出："试图把大众化和普及化高等教育的学生都容纳在精英框架之内，是个巨大的历史性错误。"从军训工作的维度看，精英教育条件下军训资源根本无法满足大众化的高等教育和普及化的中学教育。1998年我国全国大学招生108万，2002年招生320万，2015年招生700万。全国2000所高校，每年700万新生，如果按1∶50比例配备教官，仅满足高校军训需求，全军和武警共需派出帮训官兵14万人次。按照《普通高等学校军事课教学大纲》教体艺〔2007〕1

号文件规定，军事技能训练时间为2—3周，实际训练时间不得少于14天。如果这样，每年九十月间有长达14天的时间，全军14万人不在军营，部队战备工作如何进行？敌人来了怎么办？面对招生数量爆炸式的增张，军训的所需的承训力量、训练场地、枪支弹药等等都呈现紧张状态。军训所需资源还具有一定的特殊性，它不是靠增加投入就能够实现。它带有政府的主导性和国家的强制性，如枪弹的管理，法律上禁止私自储存、购买枪支弹药。随着高校新生数量的增加，军训中安全管理难度也呈几何级数的增加。笔者1998年就读山西某高校，当年参加军训1700人，战术、射击训练全部落实。现在该校每年6000人的军训任务，谁有能力组织6000人的实弹射击？当前绝大多数高校考虑到安全因素、管理难度，实弹射击训练科目基本上没有落实。

（二）军训工作面临军队调整改革的挑战

2001年以来，军队先后经历两轮编制体制调整改革。2003年裁减军队员额20万，2011年开始调整新兵征集和老兵复员时间，2015年又裁减30万，2015年以后军队全面停止有偿服务等等，这些都会给学生军训工作产生影响。如每年九十月份部队演习训练、战备值勤任务异常繁重，还要进行新兵集训，这些工作与学生军训的时间上严重冲突，使部队完成学校军训任务和完成自身任务的矛盾更加突出。学校由于协调不到帮训部队，训练计划得不到落实也是常有之事。基地轮训过去曾是保障学生军训的重要途径，现在正常运转也面临诸多问题。笔者所在单位是本省的学生军训基地，2015年以前承担太原市重点高中学和部分高校轮训任务，每年承担数万学生的军训。2015年全军停止有偿服务，给军训工作带来了重大影响。教育部等五部委《关于2015年规范教育收费治理教育乱收费工作的实施意见》规定，严禁学校在军训期间向学生收取军训费、住宿费、交通费、照相费等费用。事实上，营房维修、营院维护、水电煤气、临时雇工等等都将产生费用。上拨付的运转经费无法满足这些消耗，导致基地停止了一切军训活动。

### (三) 军训工作面临自身发展困境的挑战

军训工作要发展必须有一支过硬的师资队伍。但多数高校没有专职军事教师，军事理论课是靠从没接触过军事的、接受过三五天培训的教师去完成。而且由于军事理论课在国家自然学科名录中找不到源头，不能归入任何一个社会和人文学科，从事一线教学的军事教师中存在行业认可低、职称难评聘、学术边缘化、前途没奔头、思想不稳定情况。不专业、低水平的教师队伍，严重影响了高校军事理论教学水平的提高。全军编制893名派遣军官，按规定担负本区域内部分重点高校军事理论课教学任务，但由于缺乏硬性的课时要求、考核指标等约束条件，部分单位并没有把派遣军官用到教学一线，派遣军官作用发挥受到了影响。军事技能训练上看，由于学校没有自己的承训力量和技术条件，只能借助和依靠部队的帮助，而部队在帮训的过程中也存在动力不足、安全压力大、权责不清等问题，以至于大多数学校的军训仅仅是走队伍、整内务、唱军歌、听报告、搞阅兵、留点影像资料，结束任务。学生军训基本上是走了过场，流于形式。

## 二、构建学生军训新模式

当前迫切需要对现行的军训模式做出全面改革，构建一套适应时代发展变化的新的军训模式。大学生军训应当以培养国防后备力量为目标牵引，以编入预备役部队服第一类预备役的大学生为重点，区别服第一类预备役的大学生、普通大学生和高中生三个层次，调整训练内容，持续推进训练秩序规范化，努力建立起一套低成本、高效益、可持续的军训新模式。

### （一）目标牵引上要聚集培养后备力量这个根本

国办发［2001］48号文件规定："学生军训工作的根本目的是，通过组织学生军训，提高学生的思想政治觉悟，激发爱国热情，增强国防观念和国家安全意识；进行爱国主义、集体主义和革命英雄主义教育，增强学生的组织纪律观念，培养艰苦奋斗的作风，提高学生的综合素质；使学生掌握基本军事知识和技能，为中国人民解放军培养后备兵员和预备役军官、为国家培养社会主义事业的建设者和接班人打好基础。"学生军训综合育人的功能得到了地方教育行政部门和学校的高度重视，成为实现素质教育的重要途径，但弱化和虚化了"培养后备兵员和预备役军官"职责使命。学生军训工作要创新发展必须把军训工作的目标聚集在培养后备力量上，把军训工作纳入政府兵役工作和预备役工作统筹考虑、一起抓建。

大学生服士兵预备役，预备役部队在高校编组都是有法律依据的。2011年新修订的《兵役法》第13条规定实行国家兵役登记制度，每年12月31日前年满18周岁的男性公民，都应当在当年6月30日前，进行兵役登记。兵役登记是国家强制性履行义务。《重庆市兵役登记实施细则》规定登记对象包含全日制普通高校就读的大学生。《兵役法》第23条规定，经过兵役登记，未被征集服现役的，办理士兵预备役登记。原北京军区《关于进一步加强新形势下人武部和预备役旅团建设的意见》第9条明确，要扩大预备役部队在行业系统、工业园区、科研院所、高等院校和高新技术产业的编兵比例。

广大大学生有热烈的军营情结。新的《兵役法》将兵役征集范围进行了适当调整，删去了"关于正在全日制学校就读的学生可以缓征"的规定，将普通高等学校毕业生也纳入了征集范围。2011年以来大学生新兵占新兵百分比在逐渐提高。如北京市2015年大学生新兵占新兵数的70.8%。把有志于献身国防、但未被征集入伍的大学生编入预备役部队，确定服第一类预备役，是加强国防后备力量建设的可行之举。

近年来，一些预备役部队尝试把部分服预备役的大学生编入预备役部队，如山西某预备役兵种旅在中北大学、晋中某预备役兵种团在晋中学院建立了预备役连等等，都取得了很好的社会效益和军事效益，得到了上级的肯定。目前，我国有2000多所高校，在校学生达1700万之多。高校蕴含着丰富的后备兵员资源，加之高校学生居住集中、思想端正、素质较高，是预备役部队编组的理想之地。

另外，我国地方与军事专业共编设了17个专业类，153个对口专业。

这 153 个军地对口专业是编组预备役高校编组的专业基础。如果预备役部队在高校对口专业进行编组成功，平时对编入预备役部队的人员进行一定的军事训练，当战争来临，需要动员参战时，就可以做到召之即来、来之能战，真正把战争潜力转化为战争实力。

（二）军训对象上要把握编入预备役部队的大学生这个重点

《兵役法》第 25 条，第一类预备役士兵包括预编到现役部队、编入预备役部队的预备役士兵和编入基干民兵组织的人员。《兵役法》规定未服过现役的编入预备役部队、预编到现役部队的预备役士兵和基干民兵，在 18—24 岁期间，应当参加 30—40 天的军事训练。地方高校有大量的第一类预备役人员。高等教育大众化条件下，现有的军事设施和帮训教官已无法满足全部大学生的训练要求，无法完成《大纲》规定的内容。因此，学生军训必须有重点、有侧重，这个重点应当是志愿编入预备役部队人员。每年新生普训结束以后，高校和部队要根据个人意愿选拔一批合适的学生编入预备役部队，并举行隆重的入编制仪式，增强编入预备役的荣誉感和使命感。

预备役人员的军事训练方面，要利用好暑期组织预备役人员到部队进行集训。集训严格按照预备役训练大纲执行，训练科目内容包括，单个军人队列动作、战术基础、轻武器射击、战场救护、军事地形学等。集训主要围绕会讲、会做、会教、会做思想工作的"四会"教练员的要求入手，而且要让每名受训者轮流充当指挥员，模拟带队训练过程，为组织其他学生军训打下扎实基础。

训练结束后，要逐人进行考试和资格认证，对军政素质好、成绩优异的预备役士兵，颁发学生军事技能训练承训资质证书，持证上岗。

（三）承训力量上突出高校预备役人员这个主体

针对承训力量严重不足制约军训工作开展的实际情况，组织编入预备役部队的学生对其他学生进行军训是一个可行之举。如果每个高校编制一个 100 人的预备役连，按每个教官带 50 人队伍计，一个批次就可以完成

5000人的军训任务；全国2000所高校计，这样为国家储备了20万的后备力量。其他国家也有类似的做法，以美国为例，美国的学生军训工作主要由后备军官训练团负责，在全国350所高等院校和650所高级中学开设了351个后备军官训练团，由国防部统一领导。学生自愿申请，经过体检合格后，与军方签订合同，方可成为后备军官训练团成员。20世纪90年代末期，每年注册在训学生达11万，后备军官训练团成员部分可转为现役军官，其他大部分受训学生授予预备役少尉军衔，作为后备力量储备起来。可以借鉴美国的后备军官训练团训练制度，把我国学生军训制度和预备役制度结合起来进行统一筹划建设。

当前学生军训承训力量有解放军、武警部队、军队院校、民间力量以及预备役人员等等。对于学生军训而言，现役力量不可行、民间力量不合法、军校力量不够用，预备役人员是最可行、最有能力完成这个任务的力量。由预备役部队组织所属预编人员承担学生军训，有利于规范训练秩序，有利于纯洁教官与学生的关系，有利于完成训练任务。具体承训时，建立由预备役部队领导和学校领导共同参加，组成军训团领导机构，部队首长任团长、学校领导任政委，军训团各级军事主官由现役或预备役人员构成、政治主官由各系领导或辅导员构成，军事训练和思想政治工作都要责任到人，防止和杜绝各类问题的发生。

（四）军训内容上要区分层次科学制订

我们面临的战争形态是信息化战争。我国未来要进行的战争是信息化局部战争。信息化局部战争，不需要1700万在校大学生全部作为后备兵员。学生军训要适应高等教育大众化、军队建设信息化的形势，必须根据学生兴趣志向和专业特点，设立不同目标，区别不同层次、不同高校，有重点、有侧重地安排训练内容。建议区分服第一类预备役大学生、普通大学生、高中生三类人员分别制订训练内容。

对第一类预备役人员军训，要围绕"召之即来、来之能战、战之必胜"的后备力量建设目标来筹划实施；由预备役部队统一组织，按照编组预备役部队训练大纲进行训练，尤其要注重共同科目的基础训练和专业训练。其训练内容应包括条令条例、军事地形学、战术基础、轻武器射击等全部基础内容和预备役部队的专业科目。

对普通大学生来说，军训只是国防教育的一种实现形式，军训的目标应该是国防教育的目标，即增强国防观念、掌握国防知识、发扬爱国主义精神、自觉履行国防义务。军训内容要以军事理论课为主、军事技能训练为辅，按照高于普通公民国防教育的要求，适当进行训练。军事理论课作为其必修课，技能训练主要进行队列训练，同时穿插应急避险、自救互救、公共安全等教育和演练，取消单兵战术、实弹射击等科目。

高级中学生的军训，完全取消队列训练等技能训练，采取参观国防教育基础、军史馆、观摩部队军事训练、过军事夏令营等方式进行，增加对国防和军队的感性认识。

在高校编组预备役基层营连，由第一类预备役人员组织普通大学生，不仅有利于促进学生军训工作的圆满完成；而且有利于使志愿入伍的大学生提前熟悉部队生活，打牢入伍的思想政治和身体素质基础；有利于编实建强预备役部队基层营连，促进后备力量建设水平整体提高；有利于浓厚学校的国防教育氛围，引导广大青年关心国防、热爱军队。

## 三、需要把握的几个问题

### （一）做好顶层设计

学生军训是国防后备力量建设的有机组成部分，推进学生军训工作创新发展，把学生军训工作纳入国防后备力量建设，纳入预备役训练管理体系，纳入国防动员体制，加强顶层规划，统一筹划安排，分类组织实施。建立省军区、预备役部队、地方高校之间的沟通协调机制，高校要尽可能满足部队的编组需求，部队要尽可能保障高校的训练需求，省军区要充分发挥纽带作用，把部队和高校的需求对接好、实现好。着力破解军训工作存在的政策性问题，修订完善相关法律法规。研究制定高等学校在校学生参加预备役工作的政策制度，包括建立教官使用管理、参训学生选拔、训练内容设置、津贴补贴奖励、训练保障方法等规章制度，从而形成一套以法律为基础，以规章制度为保障的学生军训法规体系，确保学生军训工作有序开展。

## （二）强化组织领导

当前学生军训工作正面临着高等教育大众化和军队全面深化改革双重挑战，必须着眼形势任务的需要，坚持有利于加强组织领导、有利于发挥领导效能、有利于理顺关系的原则，建立军委—军种—预备役部队和国家—地方政府—高校两条纵向的领导管理机制，从而形成从上而下、军地合署的领导机构，做到领导有力、指挥通畅，充分发挥组织领导、协调落实、检查监督的功能，真正打牢学生军训工作创新发展的组织领导基础。

## （三）畅通发展通道

2017年5月26日国防部宣布，从该年起不再从高中毕业生和在校大学生中选拔国防生。这是对国防生政策进行的重大调整，但军队需要人才，高校培训人才的格局没有变。大学生编入预备役部队、参加预备役训练，从某种程度上要承接起培养后备军官的职能，为选拔高校毕业生参军入伍提供有力的帮助。要从机制理顺学生军训与后备军官、现役军官的关系，打通学生通过军训参军报国的通道，建立起相应的人才接纳和流动机制，从更大范围内选拔高素质人才为国防和军队建设服务。

## （四）激励内在动力

部队、学校要与编入预备役部队的大学生签订参训协议，明确参加训练时间、补助标准、奖励项目、优先权利等等。教育主管部门和高校要根据学生训练表现、训练成绩，在学生证书颁发、学分管理、考研优惠、入伍优先、推荐就业等方面给予照顾。经费保障上，要落实预备役人员训练补助，补助以高于当地人均收入为宜，并设立部分奖励经费，用看得见、摸得着、实实在在的奖励措施，激发和调动学生参加预备役的积极性，创造"参训得实惠、不训损失大、人人想参加"的训练氛围，解决训与不训一个样、训好训坏没区别的现状，切实解决预备役人员参加训练的内在动力。

**参考文献**

余高达：《普通高等学校军事理论教程》，国防大学出版社，2003 年版。

邰德民：《国防后备力量建设创新发展 40 论》，海潮出版社，2003 年版。

许江瑞：《国防法概论》，军事科学出版社，1999 年版。

雷庆善：《国防后备军概论》，国防大学出版社，1999 年版。

全军学生军训教学协调中心：《全军学生军训 30 周年理论研讨论文集》，国防大学出版社，2015 年版。

# 大学生国防观念内涵及培育问题研究

卢 伟 陈 震 柳艳鸿 魏莎莎*

**摘 要**：大学生国防观念的具体内涵可提炼为国家认同意识、国家主权意识、国防责任意识、国防战备意识；大学生国防观念的现状主要存在国防教育领导管理体制不够健全、培育内容不够系统、培育方式方法还有待改进等问题。当前，应主要从优化国防教育的领导管理机制、选准学生国防观念培育突破口、构建完备的大学国防教育体系、凝聚全社会教育资源的向心力、提高国防观念培育的整体效果等方面入手，加强大学生国防观念培育。

**关键词**：大学生；国防观念；内涵；培育；对策

国防观念教育是全民国防教育的重要内容。但目前关于大学生国防观念的具体内涵，还缺乏理论上的共识，有必要进行科学、系统的

---

\* 作者简介：卢伟（1966年—），男，吉林通化人，主要从事国防教育方面的研究；陈震（1976年—），男，宁夏银川人，主要从事国防教育方面的研究；柳艳鸿（1974年—）女，山西和顺人，主要从事国防教育方面的研究。三人均为石家庄陆军指挥学院科研部副教授。魏莎莎（1974年—），女，北京人，石家庄陆军指挥学院国防教育专业硕士研究生。

论证。

## 一、大学生国防观念内涵的文献综述

国防观念，是一个从属于意识领域的概念。大体可以如此定义：国防观念是人民群众在其国家安全与国防问题上所形成的根本观点和态度[①]，是与国防需要相适应、以维护国家和人民获利为标志的群体观念[②]。

大学生国防观念具体应该包括哪些内涵，目前学术界的有关阐述可以说仁者见仁、智者见智。比如，黄迪民《加强大学生现代国防观念教育》一文认为，国防观念主要包含爱国的精神、甘于奉献牺牲的精神、自律的精神、不畏惧困难敢于挑战的精神、团结一致的精神、时刻准备抵御外敌的忧患精神等。[③] 丁玉霞《关于增强大学生国防观念的几点思考》一文中似乎更注重具体的内容，比如国防知识、国防目标的确定等。[④] 范跃跃则在《高校大学生国防观念培养研究》中阐述，大学生的国防观念包含一系列具体的内容，其中有国家层面对领土和主权保卫的观念，对国家综合国力发展的观念，对国家服兵役应尽义务的观念，继承中国一脉相承的传统文化爱军尚武的观念等等。[⑤] 整理众多关于国防观念内涵方面的文献，概括起来无外以下两个方面：一类是从主观认识的角度去赋予其内涵，认为国防观念内涵包括国家利益至高无上的意识、居安思危意识、爱军习武意识等；另一类是从知识建构的角度去赋予其内涵，认为国防观念内涵包括国防思想、国防心理、国防行为、国防知识等。

---

[①] 张新海：《确立适应时代发展要求的国防观念》，《指挥学报》，2011 年第 12 期，第 60—61 页。

[②] 黄迪民、员智凯：《加强大学生现代国防观念教育》，《思想教育研究》，2000 年第 4 期，第 11—13 页。

[③] 黄迪民、员智凯：《加强大学生现代国防观念教育》，《思想教育研究》，2000 年第 4 期，第 11—13 页。

[④] 丁玉霞：《关于增强大学生国防观念的几点思考》，《教育理论研究》，2013 年第 3 期，第 268—269 页。

[⑤] 范跃跃：《高校大学生国防观念培养研究》，硕士学位论文，黑龙江科技大学，2013 年。

笔者认为对于大学生国防观念的具体内涵，上述观点都不够全面、完整和科学。比如，第一类观点中，"国家利益至高无上的意识"外延过大，可包罗万象；而"居安思危意识、爱军习武意识"又外延过小，且几项并列的内容之间缺乏逻辑关系，不易直观地覆盖国防观念的全部内涵；而第二类观点中，"国防行为"不应属于意识和观念的范畴，这样的内容也没能从国防观念本质和内涵上反映问题。

## 二、大学生国防观念的科学内涵

在系统梳理有关国防观念内涵的文献基础上，我们认为，国防观念的内涵应该归纳为四个方面比较科学。

### （一）国家认同意识

国家认同意识指的是公民对国家的认可与认知，主要由公民所具有的民族自豪感和国家荣誉感所组成。

学者郑永年认为："国家认同，就是人们对建立在自己民族基础上的国家的认同。"[①] 学者张建军则更加细化地定义为："国家认同就是一国人民或因为对所属国家的文化传统、历史经验的共有和分享，或因为对制度、法律、政策、领导人等公共形态权威的认可和接受，所产生的对这个国家的归属感以及为了使其像自己期待的那样更加美好而为之奉献和效忠的心理和行为。"[②] 前一个定义肯定了国家认同是在民族基础之上，第二个定义肯定了在民族文化的基础之上，升华的归属认可之情。所以本研究将国家认同划分为民族自豪感和国家荣誉感，与这两个定义是吻合的。其中民族自豪感体现在对中华民族的悠久历史、文化传承、壮美山河等方面的热爱；国家荣誉感体现在对我国国际地位、政治制度、社会发展等方面的自信。

---

① "国家认同"，百度百科，2015年12月23日，http://wapbaike.baidu.com/view/3254870.htm?adapt=1&。

② 张建军、李乐：《论国家认同与爱国主义》，《前沿》，2013年第7期，第22—24页。

如果没有国家认同意识，国防观念就无从谈起，试想一个人连自己的国家归属都不确认，他怎么可能为这个国家去服务、怎么可能去为这个国家而牺牲。所以，本文认为，国家认同意识，应该是国防观念培育内涵的逻辑起点、感情来源。国家认同意识是国防观念中最基本的情感，这种民族情结、文化情结、历史情结及制度的认同情结，将国家主权意识、国防责任意识、国防战备意识贯穿在一起构成完整的国防观念内容。

### （二）国家主权意识

国家主权意识是公民对国家主权的认知，主要由抵抗外部干涉和侵略的意识、反对内部颠覆和分裂的意识所组成。

国家主权是国家的最高统治权，至高无上，不可分割，不受任何权力约束。自《韦斯特伐利亚合约》后，国家主权开始具备对内对外的双重属性。主权在国内是最高的权力，它不受任何国内法的约束，国家凭借这一权力可以处理所有国内事务。[①] 当今全球化给国家主权带来了很多挑战，例如超级大国、跨国公司、各国经济相互依赖等等在影响国家认同意识的同时，也在冲击着国家主权意识。历史证明，国家主权在任何情况下都具有先导权，国家利益高于一切，国家领土都神圣不可侵犯，一个国家一旦丧失了国家主权，最终必会国将不国。

《国际法》认为，一个国家的完全自治构成他的对内权利的完整，而独立则构成他的对外权利的完整。[②] 只有反对内部颠覆和分裂，维护国家统一，保障社会稳定，民族团结，国家才能行使自治的主权；只有抵抗外部干涉和侵略，国家才能做到自主独立，才能保障文化进步、经济繁荣、政治稳定等。因此，本研究将国家主权意识分为抵抗外部干涉和侵略的意识、反对内部颠覆和分裂的意识两部分。其中，反对内部颠覆包含维护统一、民族团结、反恐防暴等，抵抗外部干涉和侵略包含维护领土完整，抵制经济制裁、文化侵略、政治干预等。

---

① 俞可平：《论全球化与国家主权》，《马克思主义与现实》，2004年第1期，第4—21页。
② 菲得罗斯：《国际法》，商务印书馆，1981年版，第12页。

## （三）国防责任意识

国防责任意识是"公民建设国防、保卫国家的自发性意识"。[①] 主要由国防权利意识和国防义务意识组成。

国防责任是指一个国家公民能够为保护国家的利益而承担的责任和在国家需要时自觉履行对国防负有的义务。公民是国家的公民，一个有国籍的公民，无论走到哪里，他的国家都是他的强大后盾。作为一个国家的公民，他认同自己的祖国，有了维护国家主权的意识还很不够，还应该具备最基本的国防责任意识，而这种责任意识是需要后天培养的。

国防观念培育的一个重要内容，就是要引导人们在应该享有国家赋予每个公民的权利之外，还必须承担相应的义务。对于任何国家任何一个人来说，权利和义务都是对等的，既不能只享有权利不尽义务，当然也不可能只尽义务而不享有权利。本研究认为，国防责任意识包括国防权利意识和国防义务意识两个方面，其中国防责任意识包括复转安置、拥军优属、抚恤优待等；国防义务意识包括服现役和预备役、保守国家秘密、保护国防设施、接受国防教育、支持国防建设等。

## （四）国防战备意识

国防战备意识是国防观念培育的目标指向，主要由居安思危意识和爱军习武意识所组成。在 CNKI 中以国防战备意识为关键词进行搜索，从 2005 年到 2015 年全库相关文章只有 1 篇，可以说对这一提法的研究非常少。本研究之所以把国防战备意识上升为国防观念构成要素的一级指标，主要是基于习主席一系列"强军"和"打赢"国防战略及建军思想提出的。本研究认为，国防战备意识是由居安思危意识和爱军习武意识两部分组成的，这一概念的提出兼顾了忧患意识和强武意识。单一的忧患警示只能让公众惧怕假想的危机或敌人，而单一的爱军习武只能让公众盲目自大，所以这两部分内容应相辅相成、共同出现。其中居安思危意识包括关

---

[①] 毛鹏：《要强化公民的责任意识》，《国防教育》，2007 年第 8 期，第 65 页。

注周边动态、关心军队改革、忧虑军力差距、不忘国耻历史等内容；爱军习武意识则包括关注国防知识技能的提高、崇敬英雄人物、喜欢军事体育、敬慕军人职业、乐于参与军事训练等内容。

国防战备意识中所包含的内容是人们时时关心并要从自身做起的，是能具体表现在行动中的。国防战备意识，其实质上是国防观念培育的目标指向，是国家认同意识、国家主权意识由意识形态向国防实践的过渡，是知识向能力的转化，是国防责任意识的升华。

## 三、大学生国防观念内涵构成的合理性分析

基于上述认识，笔者通过大量文献查阅、走访、座谈，列出了70多条与国防观念相关的题目，通过征求某学院7名从事国防教育教学的教员、40名研究生学员、30名战士的意见，提炼出能够涵盖国防观念主要内容的39个问题，编制了调查问卷。依托某学会向12个省、直辖市的45所在校大学生进行了有组织的网络调查，学校类型涵盖了国家重点大学、一般大学、民办大学、大专院校；学生专业包括理、工、商、法、经、医、农等；学生类别包括一般大学生、国防生和军校生；地域遍及经济发达地区、经济次发达地区和经济相对落后地区；大学所在城市涵盖直辖市、省会城市和一般中小城市。以上各院校随机抽取200—250名学生作为研究样本，具有广泛的代表性。最终形成有效问卷8262份。

在对该问卷是否适合作探索性因素分析得到肯定的基础上，我们利用调查问卷获取的数据进行了探索性因素分析，由这39个变量探索出8个主成分因子，可以归纳为：民族自豪感、国家荣誉感、抵抗外部干涉和侵略意识、反对内部颠覆和分裂意识、国防权利意识、国防义务意识、居安思危意识和爱军习武意识。

因为这8个因子虽然解释了总变异的53.753%，但其中的4个主成分比较明显，4个主成分还比较接近，有必要进一步进行主成分因子分析。在通过 KMO and Bartlett's Test 检验，得出该问卷各变量间的相关性较好，数据非常适合做主成分因子分析的基础上，又进行了主成分因子分析（见表1）。

表 1  总方差解释表

| 因子序号 | 初始特征根 |  |  | 被提取的载荷平方和 |  |  |
|---|---|---|---|---|---|---|
|  | 特征根大小 | 特征根占方差的百分比 | 特征根占方差的累计百分比 | 特征根大小 | 特征根占方差的百分比 | 特征根占方差的累计百分比 |
| 1 | 3.672 | 45.895 | 45.895 | 3.672 | 45.895 | 45.895 |
| 2 | 2.871 | 10.885 | 56.780 | 2.871 | 10.885 | 56.780 |
| 3 | 1.802 | 10.028 | 66.808 | 1.802 | 10.028 | 66.808 |
| 4 | 1.695 | 8.681 | 75.489 | 1.695 | 8.681 | 75.489 |
| 5 | 0.486 | 7.705 | 83.194 |  |  |  |
| 6 | 0.418 | 6.479 | 89.673 |  |  |  |
| 7 | 0.366 | 5.824 | 95.498 |  |  |  |
| 8 | 0.305 | 4.502 | 100.000 |  |  |  |

从表 1 可见，有 4 个主成分的特征根大于 1，分别为 3.672、2.871、1.802、1.695，他们分别解释了总变异的 45.895%、10.885%、10.028% 和 8.681%；第五个以后的几个主成分特征根的值都远小于 1，说明该主成分的解释力度远不如直接引入原变量大。因特征根大于 1 的 4 个因子解释了总变异的 75.489%，所以主成分由 4 个因子构成是比较合理的，且我们把这 4 个因子分别归纳为：国家认同意识、国家主权意识、国防责任意识和国防战备意识。在此基础上，又列出了这 4 个因子的相关系数阵（见表 2）。

表 2  四因子的相关矩阵

|  | 国家认同意识 | 国家主权意识 | 国防责任意识 | 国防战备意识 |
|---|---|---|---|---|
| 国家认同意识 | 1 | 0.230 | 0.402 | 0.477 |
| 国家主权意识 | 0.230 | 1 | 0.397 | 0.316 |
| 国防责任意识 | 0.402 | 0.397 | 1 | 0.488 |
| 国防战备意识 | 0.477 | 0.316 | 0.488 | 1 |

由 4 个因子的相关系数阵可见，它们之间的相关性不算高，如果直接用于分析，不会带来比较明显的共线性问题，再一次说明主成分由 4 个因子构成是科学合理的。

## 四、大学生国防观念培育中存在的问题

利用 SPSS 软件进行数据分析，发现目前我国大学生国防观念及培育中还存在一些需要解决的问题。

一是国防教育的领导管理体制还不够健全。由于当前在国防教育领域还没有健全有效的领导管理体制，导致各大学对大学生国防观念培育的重视程度存在着明显差异。问卷中关于不同级别、类别、地区的大学生国防观念都具有明显的差异，其主要原因是由于各级国防教育的领导管理体制、运行机制不统一、工作职责不清晰造成的。

二是相当数量的大学生国防观念还有待加强。通过数据分析，得出当代大学生国防观念强、较强、弱、较弱的比例大致为 40%、30%、20%、10% 的结果；而在学生的自我评价中，48.39% 的人认为周围的同学具有一定的国防观念，33.78% 的人认为周围的同学没有什么国防观念，95% 以上的学生认为需要加强国防观念。

三是大学国防教育工作开展的效果还不尽人意。大学生对于自身国防观念及培育的自我评价中，普遍认为中学和大学在国防教育工作的开展和所取得的效果方面，没有明显的差别。学生们对大学开展国防教育工作持满意态度的仅在 20% 左右，认为较差的在 10% 左右。说明大学所开展的国防教育工作，还没远远没有达到学生的要求。

四是学校在大学生国防观念培育中的地位、作用还相对偏弱。40% 的学生认为国防观念的养成途径主要是学校教育，50% 的学生认为国防观念养成途径主要是社会媒体。这一数据说明，大学在国防观念培育中所起的作用还远远未达到国家和政府的期望和要求。

五是大学生国防观念培育内容还不够系统，培育的方式方法还有待改进。部分大学对国防教育的内涵把握不准，课程内容不够系统，致使一些

大学的学生军训和国防教育课程流于形式，致使部分大学生的国防观念还相对薄弱。

## 五、加强大学生国防观念培育的基本途径

### （一）以国防和军队改革为契机，优化国防教育的领导管理机制

大学生国防观念不强，一个很重要的原因就是领导管理体系不健全或不顺畅。为了强化各级部门的职能和使命意识，希望能够借助新一轮国防军队改革的契机，在新的国家国防教育办公室领导下，建立自上而下的、职责明确的、关系顺畅的国防教育管理机构，确保教育工作的落实。一是要理顺国防教育领导管理体系，明确国家、省市、高校三级国防教育专职机构和专责人员的职责；二是要健全相应的法律法规制度，强化各级人员的法治信仰，依法实施国防教育；三是要建立大学生国防教育监察机构，对国防教育落实不到位的单位和部门从法律层面追责问责，确保国防教育法律法规的真正落实。

### （二）以抵制文化侵略为重点，选准学生国防观念培育突破口

当前，国际形势复杂多变，各种文化思潮泥沙俱下。面对西方操控的许多"公知"、学者的大肆鼓噪，我们大学生国防观念培育的浅表化授课、空洞化说教已难以招架，可以说收效有限、事倍功半。要想从思想深处筑牢大学生国防观念防线，就必须选准弘扬社会主义核心价值观和反击西方腐朽文化侵略这一突破口。一是要大力弘扬优秀的传统文化，引导大学生正确看待中西文化差异及西方文化侵略的本质；二是要大力开展爱国主义教育，激发大学生抵制西方文化侵略的自觉性；三是要大力加强理想信念教育，夯实大学生抵制西方文化侵略的根基。

### （三）以教育教学规律为遵循，构建完备的大学国防教育体系

作为大学生国防观念培育主阵地的高校，必须遵循大学生国防观念生成内在规律，在优化内容、创新方法、加强师资上下功夫、想办法，方能增强教育质量效益。一是要科学设置国防教育课程，使其适应全民性、综合性、长期性的自身特点；二是要全面把握大学生国防观念的内涵，从国家认同意识、国家主权意识、国防责任意识和国防战备意识四个方面系统编撰国防观念教育教材；三是要加速培养国防教育师资力量，解决国防教育教师不足问题。

### （四）以创新方法手段为抓手，凝聚全社会教育资源的向心力

新时期大学生国防观念培育必须着力改进相对滞后的教学理念、方法和手段，达到革弊鼎新的目的，推动国防教育向深层次发展。一是要紧跟当前形势，以创新思维推进国防观念培育深入开展；二是要充分利用新的信息化教学手段、各种各类社会媒体资源、利用先进的现代化授课方式开展教学，广泛传播国防观念培育内容；三是要积极开展社会实践活动，让大学生从实践中、从现实中、从感观上不断拓展国防观念培育范围。

### （五）以缩小群体差异为目标，提高国防观念培育的整体效果

问卷的数据结论中显示，在性别、环境、身份等领域，大学生的国防观念现状也是存在一定差异的，这些差异将成为提高国防观念培育效果的重要切入点。一是要关注男女性别差异，加强对女大学生国防观念的培育；二是要关注大学等级差异，加强对"一流大学""名牌大学""发达地区大学"学生国防观念的培育；三是要关注行为举止差异，加强对"空谈型"大学生国防观念的培育，解决一些大学生嘴上说得好但行动跟不上、只讲条件不讲奉献的问题。

# 加速建立"国防教育学"学科的思考

杨 新[*]

**摘 要**：国防教育学学科是开展全民国防教育和学校国防教育的重要支撑，为探索国防教育特点规律提供理论指导和方法依据。我国在全民国防教育和普通高校国防教育实践中，广泛深入地研究了国防教育基本理论、总结了国防教育实践经验，但尚未建立国防教育学这一学科。本文探讨了加速建立国防教育学学科的战略意义、现实依据，并提出了若干对策建议，以期推动和促进国防教育学学科加速建立。

**关键词**：国防教育；学科；军训

新中国建立以来，我国非常重视开展全民国防教育。"自改革开放以来，高等学校国防教育向着体系化、正规化、制度化的方向发展，以1984年兵役法为标志，以新军训模式为核心的高等学校国防教育体系正式构建，自1985年开始进入试点阶段，进入21世纪以后，以2001年的国防教

---

[*] 作者简介：杨新（1967年—），男，四川通江人，南京大学军事教研室副教授，军事战略学博士，主要从事军事思想、军事战略、国防教育方面的研究。

育法的实施和国办发［2001］48 号文为标志，正式进入普及阶段。"① 我国高校普遍开展大学生军训和军事理论课程教学 30 余年来，既取得了巨大成就，同时也存在不少问题。最大的问题，恐怕就是经过 30 余年的普通高校国防教育实践，国防教育学学科仍然没有真正建立起来。因此，我们有必要深入思考加速建立"国防教育学"学科这一重大问题，并切实推动这一学科的加速建立。

## 一、加速建立"国防教育学"学科的战略意义

早在 1940 年，董问樵在《国防经济论》一书中就指出："国防心理学和国防教育学，是将来的民众教育家所必需的……也是对每个官吏所必需的。"抗日战争时期，毛泽东在《论持久战》中，把"厉行国防教育"作为重要问题专门加以阐述。② 20 世纪 80 年代以来，我国先后出版了《国防教育概论》《国防教育教程》《国防教育学》《高等学校国防教育》《国防教育学概论》《国防教育战略学教程》等书籍，还有大量的学术研究文章，都对国防教育学学科理论进行了探讨，多所高校在国防教育研究生培养基础上，还自主设立了国防教育学学科。但是严格地讲，目前我国还未在高校中设立国防教育学学科。随着全民国防教育深入开展，随着普通高校大学生军训和军事理论课的广泛开展，建立国防教育学学科已经势在必行，应当充分认识加速建立国防教育学学科的战略意义，积极推动我国国防教育学学科的建立。

### （一）加速建立国防教育学学科是维护国家安全的战略性工程

新中国建立以来，我国国家安全面临严峻的挑战。进入 21 世纪后，我

---

① 吴温暖：《高等学校国防教育》，厦门大学出版社，2007 年版，第 47 页。
② 余高达：《中国军事百科全书（第二版）·国防教育》（学科分册），中国大百科全书出版社，2007 年版，第 22—23 页。

国的国家安全仍然面临着众多挑战。军事安全、太空安全、网络安全、海洋安全、文化安全、经济与科技安全、恐怖主义等传统与非传统安全威胁，对我国的国家安全构成重大威胁。尤其是我国海洋安全问题日益突出，要切实维护我国国家安全，必须加强全民国防教育，提高全民国防意识与国家安全意识，提高全民国防行为能力。

然而，我国全民国防意识与国家安全意识淡薄、国防行为能力不适应维护国家安全的需要的问题也日益突出，加强全民国防教育，必然是维护我国国家安全的战略选择。但60余年来我国的全民国防教育，由于没有国防教育学学科理论的支撑与指导，国防教育虽然蓬勃开展，但现有的国防教育显然难以适应形势的变化和需求。加强国防教育，增强全民国防观念，是党的十八大提出的一项战略任务。习近平总书记强调，各级党委和政府要关心支持国防和军队建设，加强国防教育，增强全民国防观念，使关心国防、热爱国防、建设国防、保卫国防成为全社会的思想共识和自觉行动。这为我们加强新形势下国防教育工作指明了努力方向，提供了根本遵循。在2016年4月15日首个全民国家安全教育日到来之际，习近平强调，要以设立全民国家安全教育日为契机，以"总体国家安全观"为指导，全面实施国家安全法，深入开展国家安全宣传教育，切实增强全民国家安全意识。[1] 习近平总书记关于国防教育和国家安全教育重要指示，要求我们必须把全民国防教育和国家安全教育摆在战略地位加以认识和落实，把加速建立国防教育学学科提高到战略高度来科学认识，提高到维护国家安全的高度来落实，也是习近平重要指示的内在要求。因而，加速建立国防教育学学科，是维护国家安全的重大战略性工程，应当尽早启动、加速建立。

### （二）加速建立国防教育学学科是科学开展全民国防教育的必然战略举措

我国自古以来重视国防教育，新中国秉承了这一优良传统。党的历代

---

[1] 《人民日报》，2016年4月15日第1版，http://cpc.people.com.cn/n1/2016/0415/c64094-28278100.html。

领导集体高度重视全民国防教育，我国的《国防法》《国防教育法》也规定了全民国防教育的相关法律问题。建国以来，我国全民国防教育广泛开展，为维护国家安全做出了重大贡献。但我们也应当承认我国全民国防教育与维护国家安全的需求不适应、与发达国家的国防教育有较大的差距的现实。虽然原因是多方面的，但与我国没有建立国防教育学学科是有密切关系的。

虽然从文献资料来看，国外没有国防教育学这一学科，但发达国家的国防教育有完备的法律体系支撑、有丰富的实践经验与形式、有悠久优良的国防教育传统，因而许多发达国家的国防教育走在了世界的前列。我国国防教育要走出一条中国特色的道路来，必须建立国防教育学学科，加强国防教育理论研究和国防教育规律探索，以科学的国防教育学理论来科学指导全民国防教育的深入开展。我国国防教育有自身的特点和规律、有自身的独特实践和传统，更需要科学的国防教育理论来引领，因而必须加速建立国防教育学学科，加强国防教育理论研究，以科学的国防教育理论指导我国全民国防教育的深入开展。

（三）加速建立国防教育学学科是探索国防教育规律的必然选择

我国的全民国防教育，是培养社会主义建设者和保卫者的系统性战略工程，也是维护国家安全的重大战略举措。数十年的中国特色国防教育实践，既有成就，也有缺陷，更有对未来的迷茫和美好愿景。要系统科学地解决全民国防教育实践的理论问题，科学认识国防教育实践的特点规律问题，解决国防教育实践中不断涌现的现实难题问题，必须建立国防教育学学科，以学科为旗帜、以学科为向导、以学科凝聚人，系统探索国防教育学理论和实践规律问题。

《中国军事百科全书（第二版）·国防教育》（学科分册）指出："国防教育学是军事学与教育学交叉产生的新兴学科……国防教育学与战争动员学、军事教育学、军事训练学、人才学等学科有密切的关系。它们在人才培养方面所起的作用基本一致，但研究的范围和侧重点各不相同。国防教育学为其他相关学科提供理论借鉴，同时利用其他相关学科的研究成果，丰富自己的理论体系。"新世纪新阶段，国防教育学发展趋势是：深化国防教育理论研究层次；拓展国防教育理论研究领域；完善国防教育学科体系，构建包括基础理论、应用理论、史学理论、发展理论在内的完整学科体系。[①] 这说明，我国的国防教育实践不能没有理论思维和理论指导。加强新时期新阶段全民国防教育的科学指导，其他理论思维和理论指导也难以代替国防教育学学科的理论思维和理论指导。探索中国国防教育实践规律，加强国防教育理论指导，必须以加速建立国防教育学学科为重要前提，以科学探索国防教育规律与运用国防教育规律为支撑。

（四）加速建立国防教育学学科是解决学校国防教育难题的必然选择

新中国建国以来我国学校国防教育广泛开展，为培养国防人才和后备力量做出了重大贡献。但长期以来由于缺乏国防教育学学科的支撑，我国的学校国防教育长期处于摸索阶段，许多现实问题难以解决，如学生军训和军事理论课程的学科属性问题、课程建设问题、体制机制问题、教师队伍定位与成长问题、职称评定问题、教学保障问题等等。这些问题都不是单纯依靠法规和政策所能够解决的问题。如果建立了国防教育学学科，学校国防教育的体制机制、课程建设、队伍建设、教学保障等问题，都能够按照学科教育的特点规律来科学解决。

尤其是其他教育都有学科支撑，而学校国防教育目前仅仅是作为国防教育活动来开展，没有遵循国防教育学科教育教学的科学规律来开展。这样做短期可以，长期不行；应急可以，按规律发展不行。因而必须加速建立国防教育学学科，通过加强国防教育学学科建设，带动学校国防教育科学发展、深入开展，使学校国防教育真正能够发展成为一门育人功能与教育功能高度结合的学科教育。

---

① 余高达：《中国军事百科全书（第二版）·国防教育》（学科分册），中国大百科全书出版社，2007年版，第24—25页。

## 二、加速建立"国防教育学"学科的现实依据

当前加速建立国防教育学学科,已经有了一定的现实依据,主要体现在以下两个方面:

### (一)建立国防教育学学科的内在依据

大凡建立一个学科,必须有五个方面的内在依据,国防教育学学科建立已经具备了这些内在依据。

第一,有理论基础。国防教育学学科,当属于军事学、教育学及诸多其他社会科学多学科高度融合的一个多学科属性的学科。建立国防教育学学科,无疑应当以军事学、教育学和其他社会科学的学科为理论支撑。这些学科在我国已经发展为比较完备的学科体系,能够为国防教育学学科建立提供理论基础。

第二,有自己独特的研究对象。各个学科都有自己的独立的研究对象,这样才能成为一个有别于其他学科的学科。国防教育学学科研究的对象即国防教育实践活动及其特点规律,这个研究对象无疑是其他学科不能替代的。长期以来我们以军事学和教育学来代替国防教育学,实践证明是不可行的。

第三,有自己独特的研究方法。国防教育学学科的研究方法,固然要借鉴军事学、教育学和其他社会科学研究方法,但这些方法并不能简单地移植运用于国防教育研究,而是要与国防教育实践研究相结合,可以产生出国防教育领域独特的研究方法。研究方法的不断创新,是国防教育学学科不断发展的重要工具。

第四,有自身的应用价值。国防教育学学科理论研究,是我国国防教育实践活动的理论指南。对国防教育实践活动特点规律的研究与探索,其对于开展国防教育的指导价值,是其他学科理论无法代替的。

第五,有稳定的研究队伍。一门学问能否发展为一个学科,其中一个重要的条件是必须有稳定的研究队伍。我国开展学校国防教育数十年来,

已经建立了一支庞大的教学与研究队伍。这支队伍以军队及军校科研工作者为基础，以高校军事教师为主体，以国防教育工作者为补充。

### (二) 建立国防教育学学科的外在条件

当前加速建立国防教育学学科，也已经具备了必要的外在条件：

第一，党和政府高度重视。我国国防教育长期得以开展，主要是党和政府的高度重视，但认识还没有提高到建立国防教育学学科的高度。随着国防教育理论研究和国防教育实践的深入发展，这一问题必将提到议事日程上来，成为推动加速建立国防教育学学科的重要动力。

第二，学校国防教育实践对国防教育理论的需求增长。我国30余年来学校国防教育的开展，经过了长期的摸着石头过河式的探索，现今已经进入到了需要理论支撑的阶段。实践的需求、理论上的探索，使得国防教育学学科建立已经成为呼之欲出的事情。

第三，国家相关法律定位的内在要求。我国《宪法》《兵役法》《国防法》《国防教育法》等都对国防教育进行了全方位的规定，国防教育不仅要发挥国防功能，也要发挥出育人功能。这两方面的功能，都需要建立国防教育学学科。没有学科理论支撑和没有学科的国防教育，是难以满足国防教育变化的形势和要求的。相关法律要求国防教育工作者和各级政府与领导干部要探索国防教育规律，科学开展国防教育，因此建立国防教育学学科是法律规定的题中之义。

第四，国防教育理论探索升华的必然要求。我国国防教育工作者长期探索国防教育特点规律问题，已经取得了丰硕的研究成果，国防教育学学科理论体系基本上建立，但要进一步上升为系统的科学理论，还需要国防教育学学科来统领。这种需求，必然要求加速建立国防教育学学科，使广大国防教育工作者的研究工作以国防教育学学科旗帜为方向，充分整合各方面的研究力量，使国防教育理论探索成为系统的、科学的学科理论，指导我国全民国防教育，尤其是普通高校的国防教育。

综上所述，建立国防教育学学科既有内在的依据，也有建立的必要条件，因而加速建立国防教育学学科，已经成为当前推动我国全民国防教育和普通高校国防教育的重大战略问题。党和政府、教育部门、军队及广大国防教育工作者，应当加强顶层设计，齐心合力努力推动国防教育学学科建立，以学科建立为契机和新的起点，推动我国国防教育迈上新的台阶。

## 三、加速建立"国防教育学"学科的若干建议

建立国防教育学学科是一项系统性工程，各方面必须提高认识，凝聚共识，加强顶层设计，才能推动国防教育学学科又好又快地发展。

### （一）提高建立国防教育学学科的认识

党和国家各级政府和各级领导，要从上述建立国防教育学学科的战略意义上来认识建立国防教育学学科这一问题，以只争朝夕的精神来加速推动国防教育学学科建立。

教育部和军队要统一认识，不能把观念停留于国防教育就是搞学生军训、搞军事理论教学、搞国防教育活动和讲座的低层次认识上，要把国防教育作为一个维护国家安全、培养社会主义建设者和保卫者、发挥育人功能和国防功能的系统性战略工程来对待。建立国防教育学学科是这一工程的基础性战略工程。

普通高校和军队院校，要把建立国防教育学学科和发展这一学科，作为自己的重要使命来认识和践行。尤其是普通高校，应普遍设立国防教育学学科，开展理论研究，推动国防教育实践深入发展。军队院校和普通高校应当建立合理的机制，联合培养国防教育学学科的硕士和博士研究生，为国防教育学学科培养高层次教学与科研人才。

### （二）加强国防教育学学科建设的顶层设计

教育部、军委应当组织专家学者和领导广泛调研、深入论证，对如何加强国防教育学学科建设进行充分论证，做好顶层设计和战略规划，使国防教育学学科建立有章可循。

科学设计国防教育学学科体系。笔者认为国防教育学的定义应该表述

为：国防教育学是研究国防教育的一般现象，揭示其本质和规律，并用于指导国防教育实践的科学，是教育学与军事学的交叉学科，从属于教育学。

这个定义的核心内涵主要阐明了：国防教育学的研究对象是"国防教育的一般现象"；国防教育学研究的目的是"揭示国防教育的本质和规律，并用于指导国防教育实践"；国防教育学的学科性质和归属"是教育学与军事学的交叉学科，从属于教育学"。这里应特别指出的是，国防教育学从属于教育学，是国防教育本质的反映，换句话说，是国防教育本质属性的客观要求。

如果这个表述能够科学地揭示国防教育学学科的科学含义，笔者认为国防教育学学科构建的基本思路有两个：一是建立教育学学科门类中的一级学科，二是作为高等教育学这个一级学科中的二级学科来建设。

如果作为教育学门类中的一级学科建设，我们认为是最为理想的，因为国防教育不仅是高校要有国防教育，全社会都需要国防教育和国防教育学的理论指导，因此建立国防教育学一级学科是最理想的。建立的设想和相关的二级学科构成可以是：从国防教育对象类型和层次考虑的二级学科有普通高校国防教育学、中小学国防教育学、军队国防教育学、企业国防教育学、党政机关国防教育学、城市社区国防教育学、农村社区国防教育学……从国防教育技术、手段、研究领域考虑的二级学科有国防教育方法学、国防教育领导学、国防教育心理学、国防教育历史学、国防教育技术学、国防教育评价学、国防教育战略学、国防教育发展战略学、国防教育思维学……

另外一种思路就是在高等教育学这个一级学科之下建立国防教育学二级学科。这个设想可能更加现实些，也更加好实现。因为系统研究教育学理论和国防教育学理论的主要队伍，主要集中在高等院校，因此在高等教育学一级学科下建立国防教育学二级学科更容易实现。2012年起，厦门大学已经自主设立了国防教育学二级学科，已经招收了多名国防教育学学科的硕士研究生。厦门大学有高等教育学一级学科博士与硕士点，所以可以自主设置二级学科。其他的几所搞国防教育研究生教学的大学，目前还是挂靠在高等教育学学科之下作为一个研究方向来招生和培养的。我们认为，随着厦门大学的实践和下一步教育部、军委的推动和国防教育工作者的努力，在许多有条件的高校，应该是可以设立国防教育学这个二级学科的。

当然，借鉴思想政治教育作为马克思主义理论一级学科所属的二级学科建设经验和实践，也可以考虑将国防教育学学科作为马克思主义理论一级学科所属的二级学科。因为马克思主义理论，当然也包括马克思主义国防教育理论，在这一学科下设立马克思主义国防教育二级学科也是合理的。但无论把国防教育学归属于哪个一级学科之下作为一个二级学科来建设，其学科构成与上述建立一级学科的思路也基本上是一致的，只需要将二级学科变成三级学科即可；或者将它们作为国防教育学二级学科的主要研究方向即可。

但是无论如何设立国防教育学学科，国防教育学学科理论体系和研究内容应当是明确的。从国防教育学知识体系结构来看，国防教育学学科理论体系和研究的内容主要包括：国防教育法规和方针政策、基础理论、技术理论、应用理论四个部分的知识体系。由于国防教育是国家行为，必须依法实施，而且国家负责国防教育的领导、组织与保障。公民是国防教育的对象，必须依法履行接受国防教育的义务，履行保卫国防的义务。国防教育者实施国防教育，也必须以国家法律、法规及相关政策为依据。因此，国家的国防教育法规和方针政策，是国防教育学必须研究的最重要的知识体系。基础理论知识体系，是确立国防教育学学科的基本概念和基本理论，主要回答学科的基本问题，确立学科研究的基本范畴，探索学科研究对象的运动过程，揭示学科研究对象的基本性质和运动规律，提出学科研究的基本方法等。技术理论，是基础理论和应用理论之间的桥梁或中介，为国防教育学研究及实施国防教育活动提供技术支撑和技术指导。如国防教育方法学、国防教育信息技术学、国防教育评价学、国防教育预测学，等等。应用理论，则以基础理论和国家国防教育法规和方针政策为指导，直接运用国防教育学的技术科学成果，研究各层次、各类型的国防教育活动的方式和规律，解决国防教育活动中的各种问题，同时，为国防教育学基础理论增添新的内容，为国家的国防教育法规及方针政策调整提供新的依据。应用理论方面，当前主要是研究普通高校国防教育学、企业国防教育学、社区国防教育学、军队国防教育学，以及中、小学生国防教育学，等等。

上述关于国防教育学学科体系的设想，不一定完全科学，但也可作为进一步思考这一问题的依据。有关方面应当加强这方面的研究和顶层设计，以推动国防教育学学科的科学建立。

（三）理顺国防教育体制

建立垂直的国防教育领导机构。如在国家安全委员会或国防动员委员会下设立国家国防教育领导办公室，教育部设立国防教育司，省、市、县教育领导机构中设立国防教育处（科）。设立垂直的领导机构，便于统一领导和管理国防教育工作。

在有条件的"985"和"211"普通高校设立国防教育学院，在其他院校设立国防教育教研室。设立国防教育学院，可以把高校人武部、军事教研室、国防生选培办等部门整合到一起。没有条件设立国防教育学院的高校应当设立国防教育教研室，可以与人武部合署，也可以单独设立。另外还可以建立专门的国防教育研究所，加强国防教育学学科理论研究。

普通高校应当在建立国防教育学学科的基础上，明确国防教育学理论教学目标、课程建设目标、师资队伍建设目标，建立经费保障等相关保障制度。

理清普通高校国防教育与思政教育、马列原理教育的关系，使思政教育、马列原理教育这"两课"变为思政教育、马列原理教育和国防教育"三课"，充分发挥国防教育独特的维护国家安全及综合育人与国防功能。

（四）加强国防教育学学科队伍建设

科学定位普通高校国防教育师资队伍的地位、作用，建立稳定的、高素质的、专业化的国防教育师资队伍。

加强国防教育研究生培养，为高校输送高素质的师资力量。一是依托现有的多所培养国防教育硕士研究生的高校，进一步扩大国防教育硕士研究生培养，同时考虑在有条件的高校培养国防教育博士研究生；二是依托军校为高校培养国防教育硕士和博士研究生，提高普通高校国防教育教师队伍的专业素质。

加强国防教育教师职后培养。目前许多省、直辖市都有各种形式的军事教师培训，应当继续加强并探索新的培训方式，不断提高专业教师队伍的教学能力和研究能力。

改变国防教育教师职称评定方式。目前高校军事教师职称评定没有自己的学科依托，一般是挂靠在教育学、思政、马列或体育等学科评定，不利于培养专业化的国防教育教师队伍；应当在建立国防教育学科的基础上，有自己的职称评定序列，有自己的职称评定标准。

（五）加强国防教育学科科研保障

各级部门和学校，应当予以国防教育学这一新兴学科科研制度和经费保障方面的倾斜。例如社科课题中增加专门的研究课题；提供专门的科研经费等。

规定主要核心期刊必须开辟国防教育学理论专栏；建设国防教育学的核心期刊和一般期刊。

教育部和各省及直辖市定期举办国防教育学术研讨会。

提供军地融合的多途径国防教育教师培训、进修渠道。

短期内适当降低国防教育专职教师职称评定的条件。随着国防教育学学科建设的推进，再逐步提高条件。建立国家、省市级国防教育专家师资库，扩大一线国防教育工作者比例。

上述几个方面，是笔者关于加速建立国防教育学学科的思考与建议，希望广大国防教育工作者和相关部门能够高度重视、加快研究，尽早推动国防教育学学科的建立，使我国国防教育有科学的学科理论指导，使我国国防教育走在世界前列，充分发挥国防教育维护国家安全、培养社会主义建设者和保卫者的功能。

**参考文献**

关娟茹、周勤荣：《高校国防教育效果评估研究》，海潮出版社，2016年版。

# 学校国防教育师资建设的理论和制度安排

徐东波[*]

**摘 要**：学校国防教育师资是学校国防教育发展的源动力。但在当前，师资数量和质量都存在现实窘境，后备师资培养不能满足现实需求，师资发展规划也未能充分保证学校国防教育对师资的长期考虑。运用期望理论和SWOT战略管理理论，并经过具体分析，可以指导今后学校国防教育师资建设。基于此，尝试从军地协同创新、促进学科创生和突破课程限制与优化结构体制等方面提出相应的制度框架安排。

**关键词**：学校教育；国防教育；师资建设；制度

2001年颁布实施的《中华人民共和国国防教育法》指出，学校国防教育是全民国防教育的基础。2011年，中共中央、国务院和中央军委联合下

---

[*] 作者简介：徐东波（1986年—），男，安徽巢湖人，南京农业大学军事理论教研室主任，讲师，南京大学中国南海研究协同创新中心博士。

基金项目：2014年度教育部哲学社会科学研究重大课题攻关项目"新时期学校国防教育和学生军事训练工作体系建设研究"（14JZD052）、教育部军地国防教育和学生军事训练协同研究基地项目资助。

发的《关于加强新形势下国防教育工作的意见》（中发〔2011〕8号）进一步指出，要坚持不懈地抓好青少年国防教育。2013年，教育部、原总参谋部、总政治部联合下发了《关于全面提高学生军事训练质量的通知》（教体艺〔2013〕1号），指出要着重抓好学生军事训练的质量和针对性。应当说，自1985年军训改革以来，学校国防教育水平逐年提高。特别是2000年后，一系列法律和文件的颁布实施，扫除了一些关键障碍。然而，最为关键的问题之一，并始终处于理论上和制度执行上的弱化境地，即学校国防教育师资建设问题。

## 一、学校国防教育师资建设现状

师资建设是任何课程和学科建设过程中，首先要解决的问题。正如梅贻琦先生1931年就职演说时所说，"所谓大学者，非谓有大楼之谓也，有大师之谓也。"可以说，学校国防教育师资建设一直是国防教育短板。需要指出的是，从宏观上看，师资建设不仅是师资队伍的数量和质量等表象问题，至少还包括了师资队伍建设的规划和后备师资培养的深层问题。多数学者忽视了后者，造成在师资建设研究领域，无法窥清学科师资发展全景。依笔者对师资建设的考量，可以从以下三个方面对当前学校国防教育师资建设现状做剖析。

### （一）师资的数量和质量

师资的数量和质量状况，是分析课程和学科建设时的首要评价指标。根据国民教育序列划分和教育行政体制，学校国防教育师资应分为学前国防教育师资、中小学国防教育师资（包括初等和高等教育）和高等院校国防教育师资。因此，可从以下三个层级探讨学校国防教育师资：

**1. 学前阶段国防教育师资状况**

学前国防教育师资实际上不是一个理论概念，而是个现实提法，这与中小学国防教育师资和高校国防教育师资不同。之所以不是一个理论概念，主要是由于学前教育的内涵使然，即学前教育是发展儿童智力的前教育阶段，而国防教育带有较强的民族教育、国家情感教育和军事教育特点，学前阶段尚处于智力发展培育期，本质上也是智力发展为主的教育阶段。之所以是现实提法，则是由于近现代以来，部分国家在学前阶段已经开展了不同性质的国防教育，且尽管学前阶段尚处于智力发展期，但此阶段恰是公民国防素养的基础培育期，其心理学基础是华生的"白板说"。因此，学前国防教育师资应是学校国防教育师资的组成部分之一。

然而，学前国防教育师资在提法上可以是现实的，但在师资单列上，却是不现实的。即使是日、英等国，其在学前教育阶段中对公民的国防素养培育，也并非安排有专门的师资，更多的是由艺术教育、语言教育师资和相关职业者代替。英国则是在展览馆等处向幼儿有意识地传达海洋国防意识等。因此，笔者认为，关于学前国防教育师资的统计口径，不能以师资数量来衡量，而应以开展的教育活动，并将其换算成"相当师资"或"当量师资"统计为宜。如此考虑，则解决了上述"不是一个理论概念"的问题。因此，学前国防教育师资并不是考虑专门师资配备，而是考虑有哪些教育活动，以及由谁负责和开展的问题。并以此为逻辑起点，确定统计和判定规则。

**2. 中小学国防教育师资现状**

相比于将学前阶段国防教育师资换算成"当量师资"，中小学阶段和高等教育阶段的国防教育师资则是常规师资概念。因而其统计规则应是数量和质量。需要注意的是，尽管近几年教育部和部分省级教育部门开展了中小学国防教育师资培训班，但在教师资质上，并没有国防教育序列。因此，在一般意义上，当前中小学国防教育师资量为零。由此，师资质量则无从谈起。不考虑教师资质序列，而从师资培训角度来看，当前中小学国防教育师资的数量问题，也无从统计。一是因为当前并无中小学国防教育专职师资，皆是体育教师、学科教师和学校行政人员兼职，或许是受制于体卫艺行政归口，体育教师是中小学国防教育师资的主流。而国防教育师资数量，首先应是专职教师数量。二是由于是兼职，其流动性相对较大，兼职教师身份并不稳固，受本职工作的工作量影响，兼职身份交接周期较短。

由于数量上多是兼职，质量上也便难以保证。中小学国防教育质量的好坏，在很大程度上，依然决定于师资质量的层次和水平。目前来看，中小学国防教育兼职教师水平整体较为低下。笔者设计了三个维度，对江苏省 6 所中学和 10 所小学调查发现如下：

表 1 中小学国防教育兼职教师师资质量

| 学历 | 占兼职教师比例 | 对国防教育质量满意度 | | 国防知识自我满意度 | |
| --- | --- | --- | --- | --- | --- |
| 专科 | 31.8% | 满意 | 53.6% | 满意 | 12.1% |
| | | 基本满意 | 25.9% | 基本满意 | 20.8% |
| | | 不满意 | 20.5% | 不满意 | 67.1% |
| 本科 | 52.6% | 满意 | 47.2% | 满意 | 15.3% |
| | | 基本满意 | 21.3% | 基本满意 | 26.9% |
| | | 不满意 | 31.5% | 不满意 | 57.8% |
| 硕士及以上 | 15.6% | 满意 | 45.7% | 满意 | 20.2% |
| | | 基本满意 | 18.6% | 基本满意 | 28.2% |
| | | 不满意 | 35.7% | 不满意 | 51.6% |

通过上表可以发现，兼职教师学历占比实际上与当前中小学师资学历结构高度相关。兼职教师学历越高，对国防教育质量越不满意，整体满意度一般；学历越低，对自我国防知识储备越不满意，整体维持在一个较高水平。

**3. 高等学校国防教育师资现状**

讨论高校国防教育师资，实际上需要明确一个基本概念，即教师和行政人员的区别，特别是在当前大多数高校实行行政与教学分离的大背景下。只有做区分，才能相对准确得出国防教育师资量。由此看来，高校国防教育师资只能是军事理论课程教学教师，不包括负责和参与军事技能训练的部队承训人员、学校专武干事等。也有学者认为，从教育层面来看，学校专武干事组织的各类国防教育活动、征兵、双拥等也是对学生进行国防教育的一部分，专武干事也应是师资之一。然而，遵此逻辑，受制于各高校人武部合署单位不同（学生处、体育部和保卫处等），体育老师、学工人员和保卫人员也应是国防教育师资。显然不能如此。笔者认为，国防教育师资，在当前主要由两类人员构成：专职军事理论教师和非行政人员的兼职教师。部队承训官兵由于管理归口，不将其计入国防教育师资。唯有这样，才能保证国防教育师资专业化发展。此外，岗位虽是专职军事教师，但由于挂靠等原因，实际仍承担挂靠部门较多的行政工作，以及也兼专武干事岗位，导致无法投入主要精力用于教学，也不能算作专职军事教师。遵此，以江苏省为例，据笔者不完全调查，师资分布如表2：

表2 江苏省高校国防教育师资分布

| 学校 | 南京大学 | 东南大学 | 南京农业大学 | 河海大学 | 苏州大学 | 南京理工大学 | 南京航空航天大学 |
|---|---|---|---|---|---|---|---|
| 专职数 | 1 | 5 | 1 | 4 | 3 | 1 | 1 |
| 兼职数 | 0 | 0 | 0 | 0 | 0 | 0 | 0 |

江苏省是全国各省份中为数不多的国防教育开展较好的省份之一，近五年来，按照上述口径，师资状况极度不容乐观。基于国防教育学学科发展和国防教育专业化发展考虑，事实上，各年度行政上报数据可信度值得商榷。如2013年江苏省共有国防教育教师1312名，专职教师为296名，兼职教师768名，外聘教师248名。这里存在重复统计，即非军方外聘教师已被统计进专兼职教师中，军方教师常被统计进各校专兼职教师中，且各校上报数据随意性较大，填报人员对表格内涵理解也不同，造成数据失真度较大。即使按照2013年上报数据，当年录取新生量为380325名，生师比为1∶1285，低于江苏省1∶800的要求，专兼职教师比为1∶3.4。

(二) 后备师资培养

当前各学段国防教育师资现状如上所述，不容乐观。然而，更不容乐观的是后备师资培养的缺失。笔者基于后备师资培养现状，将后备师资培养分三类：

**1. 本科层次的后备师资培养**

目前，本科层次的后备师资培养单位，主要有广西民族大学、南京师范大学、南昌大学、云南民族大学、贵州大学、福建师范大学和湖北大学等。其中，湖北大学只招收了一届，其余高校一直在招生中。六所院校设有人民武装学院，但在行政归口、招生专业和招生层次上存在差别。各校招生章程中，均对就业方向做了类似介绍：基层人民武装工作、党政机关和企事业单位管理工作、大中专院校国防教育研究和教学工作等。但在实际就业中，绝大多数毕业生并未进入学校，福建师范大学人民武装学院的毕业生中有 800 多名进入基层武装岗位，南京师范大学人民武装学院的相当部分毕业生进入小区物业管理岗位。即使有毕业生进入中小学教师岗，也是通过招考，且所教学科与国防教育无关。但无论如何，这六所院校可以成为本科层次的后备师资培养单位，且在就业介绍中明确予以说明。

**2. "老六所"后备师资培养**

相比于本科层次，"老六所"培养硕士层次的后备师资。所谓"老六所"，是业内对专门培养硕士层次的高校军事课教师单位的简称，即东南大学、厦门大学、武汉大学、中南大学、西安交通大学和武汉理工大学。这六所院校自 2003 年开始在高等教育学专业下招收国防教育方向硕士研究生，"高校教师"系列招收在职生。以东南大学为例，共招收在职研究生 7 期，合计 75 人；招收全日制研究生 11 届，合计 22 人。2011 年"高校教师"系列停招后，只招收全日制研究生，且培养规模一直处于低迷状态，年均毕业生 2 名。且二级培养单位在校内一直处于挂靠状态，2013 年前，挂靠在高等教育研究所，此后挂靠在学习科学研究中心，2017 年开始挂靠在生物医学与工程学院，导师团队也由于校内二级单位改革，计划从武装部、军事理论教研室划至体育部。武汉理工大学、武汉大学等单位自 2011 年开始，培养萎缩更为严重。目前，培养开展较好的院校仅有厦门大学。

**3. 其他硕士层次的后备师资培养**

近年来，与"老六所"培养状态一直处于低迷境地相比，由于普通高校对军事教师的需求较大，个别高校开设了硕士层次的相关专业。南开大学军事学军事思想专业是普通高校中唯一的军事学硕士点，自 2007 年开始招收第一届军事思想专业硕士研究生，年均招生量3—5名，在研究生二年级进入武警天津总队进行为期3个月的军事训练，以提高军事素养。至2015年，共招收9届研究生，2016年暂停招生。部分毕业生进入院校相应岗位。吉首大学自2014年，开始在全国各普通高校中率先设立国防军事教育学硕士点，同年底成立国防教育研究院，2017年首批毕业生进入院校工作，从事专职军事课程教学工作。由此可见，在"老六所"之外，目前仅有吉首大学培养硕士层次的国防教育师资。但全国普通高校没有一所培养博士层次的国防教育师资。

### （三）师资建设规划

分析学校国防教育师资建设现状，除了了解各学段师资现状和后备师资培养现状外，还要探究师资建设规划。据目前材料看，关于国防教育师资规划的相关文件，在国家层面，仅在《2003—2005年全国学生军训工作发展规划》（以下简称《规划》）中有要求，即"普通高校……具有硕士学位的军事教师比例要达到军事教师总人数的20%以上"[①]。现在看来，已完成这一要求，据上文所述，江苏省16位专职军事教师100%是硕士以上学位，3人已取得博士学位，4人博士在读。但在此《规划》中，并没有提及其他学段的师资建设规划，关于普通高校师资规划部分，也仅限于此。在《规划》出台后至今，也无相同级别的新规划出现，并没对"20%"的比例界定做新修改，也没有关于其他学段的国防教育师资建设的专门文件出现，而省级师资建设规划未有所闻。

由于普通高校师资准入标准在近几年有所提升，学校人事部门对师资学历要求始终限定在具有博士学位，导致南京师范大学、南京航空航天大学等部分高校一直未能招到师资。由于缺乏新的师资建设规划性文件，现有硕士层次师资也无法攻读国防教育方向、军事学（地方院校）和国防军事教育学等专业博士学位（暂无此类博士序列）。笔者在读博士专业为世

---

① 2003年6月20日教育部、总参谋部、总政治部《关于印发〈2003—2005年全国学生军训工作发展规划〉的通知》，教体艺［2003］8号。

界史专业和国际关系专业,攻读计划为"南海计划",研究方向为南海周边国家与南海安全,在目前的硕士师资攻读博士学位中,与国防教育相关度最高。除此之外,对现有硕士层次的导师团队建设也缺乏相应规划。还是以东南大学为例,现有导师3人,其中2人在5年后退休。目前来看,并无后备硕导填补空缺,将进一步导致师资培养弱化。因此,有效保障新时期学生军事训练和学校国防教育有效开展,必须厘清师资现状,进一步分层次、分阶段、针对性的调研现有队伍,力求数据真实有效,并兼顾师资队伍的动态调整变化。与此同时,对后备师资培养和培养导师团队从国家层面至地方形成有效规划。

## 二、学校国防教育师资建设的理论构建

鉴于当前学校国防教育师资严重短缺的现实,以及现有国防教育师资建设的相关政策与规定,加上目前师资建设领域已形成的部分建设经验,笔者尝试性地提出学校国防教育师资建设的两点理论。

### (一)师资建设的"期望理论"

"期望理论",又称为"效价—手段—期望理论",是美国著名心理学家维克托·弗洛姆于1964年提出的管理学理论。其经典公式为 $M = \sum V * E$,即动机大小取决于目标价值之和与期望概率的乘积。运用该理论分析学校国防教育师资建设,可以从三个主体做分析:

**1. 行政部门动机**

即各级教育主管部门对学校国防教育师资建设的动机。各级教育主管部门的动机产生,决定于国防要求、军方要求和区域师资结构要求。国防要求即国家防务实际对公民国防能力的要求,教育主管部门感知到这种要求的满足必须要自身做出一定的政策和行政响应,军方要求即军队和国防部门基于现实防务现状对学生的国防素养要求,建议、商请和强制教育行政部门做出政策和行政响应。这两种要求产生的动机都是外部动机,是教育行政部门感受到外在的"压力"而产生的变化,但这种"压力"却是内

部动机产生的前提和基础，所谓"内部动机"，即在区域整体师资结构中，对国防教育师资缺位的主动调整心态。其整体内外部动机大小取决于对满足国家防务需求的价值大小的判断（Dv）、对配合国防部门与军方工作的价值大小的判断（Cv）和对教育本身的社会价值大小的判断（Ev），以及教育行政部门自身的执行能力大小的判断，即 $M = \sum(Dv + Cv + Ev) * E$。

**2. 学校动机**

即学校对加强国防教育师资建设的动机。学校国防教育师资建设动机的产生，取决于教育行政部门要求、国防部门和军队部门要求和校内师资结构要求。同样，前两者是外部动机，后者是内部动机。其整体内外部动机大小取决于：对满足教育行政部门要求的价值大小的判断（Ev）、对满足国家防务需求的价值大小的判断（Dv）和校内师资结构调整的价值大小的判断（Tv），以及学校自身的执行能力大小的判断，即 $M = \sum(Dv + Ev + Tv) * E$。在实际过程中，相比于教育行政部门，Ev 和 Dv 的大小常被估小，从而导致 Tv 的价值被估小。这个公式也可以解释这样一种情况：尽管有相当的文件和规定，但部分学校依旧不执行相应要求；即使不得不执行，也竭尽全力进行"平衡"。

**3. 师资动机**

可以从既有师资的动机和后备师资的动机两个方面做分析。对于既有师资而言，其动机产生，取决于教育行政部门要求、其他发展领域的吸引和自身对国防教育行业的理解。前两者是外部动机，后者是内部动机。其整体内外部动机大小取决于：对满足教育行政部门要求的价值大小的判断（Ev）、对其他发展领域的吸引力大小的评估（Av）和对国防教育行业的归属感大小的评估（Bv），即 $M = \sum(Ev + Av + Bv) * E$。对后备师资而言，其动机产生，还取决于导师在行业发展方面的介绍，对这种介绍状况的评估（Iv），也构成后备师资动机系统的一部分，其公式可以表述为 $M = \sum(Ev + Av + Bv + Iv) * E$。这就可以部分地解释一种情形：为何有部分后备师资，尽管就业情势很好，但依然选择去当小学语文教师和特殊教育教师。

## （二）师资建设的"态势分析理论"

态势分析法是战略管理理论中重要的分析方法。在国防教育研究领域中，运用态势分析法分析国防教育问题，见西安交通大学张正明等的《高等学校国防教育的 SWOT 分析与发展策略研究》，作者对我国国防教育发展的四个方面做了系统性分析，并提出一系列可行性设想。① 实际上，态势分析法也是分析学校国防教育师资建设的重要基础理论。

**1. S 分析**

"S"即"Strength"（优势）。国防教育师资建设最大的优势在于牵涉到教育行政部门和国防、军队管理部门。这是任何学科师资建设过程中都不具备的"军地属性"。因此，国防教育师资可以从军地双方获取资源。江苏省隔年轮流举办微课竞赛和授课竞赛，军方也定期举办教学竞赛和培训活动，教师可借此获得奖项，而其他学科教师的省级教学竞赛机会少之又少。除"军地属性"外，由于国防教育涉及多重学科，师资来源渠道相对多样化，国防教育、历史学、国际关系学和军事学等都是重要的来源渠道，相比于其他学科单一来源渠道而言，国防教育师资的耦合性明显，是师资质量层次快速提成的先天优势。后文也有分析。

**2. W 分析**

"W"即"Weakness"（劣势）。国防教育师资建设的劣势在于层次低、数量少，各学段分布不均，几乎集中于高校。即使是按照上报数据统计，也没完全达到硕士层次的师资水平，相当数量的本科学历师资存在且在岗，是影响师资整体建设的瓶颈。最大的劣势则是上述论及的培养单位的缺失，且以当前培养速度，无法满足院校师资需求。与培养单位缺失相伴生的，是师资培养团队的逐步萎缩和消失，且后继无人，需要重新组建，既有培养经验难以发挥效力。此外，后备师资不能完全进入对应岗位，以南开大学为例，进入率仅在 30% 左右，东南大学 97 名毕业生中，仅 21 名

---

① 张正明等：《高等学校国防教育的 SWOT 分析与发展策略研究》，载《海军工程大学学报（综合版）》，2013 年第 3 期。

在岗，且大多不符合上述专职标准，需兼大量行政工作。

**3. O 分析**

"O"即"Opportunity"（机会）。事实上，国防教育师资建设在当前面临着较大机遇。一是越来越严峻的周边安全形势使得学校国防教育越来越具有基础性作用，国防教育师资存在大量缺口。南京体育学院自2013年至2016年，连续3年未招到军事课程教师，且连1∶3开考比例都未达到。二是各级教育行政部门和军方管理部门近5年针对中小学和高校兼职师资和党政领导人举办了大量培训班，为师资发展扫清了部分障碍。三是尽管当前整体师资在数量和质量上都严重不足，但相对于2000年前，学校国防教育师资完全依赖于军队而言，也是一个小进步。现有师资存量是今后师资发展的基础积淀。

**4. T 分析**

"T"即"Threat"（威胁）。师资建设是师资整体成果的不断涌现。以此观其他学科师资建设，大量成果涌现，反向促进师资队伍发展。反观国防教育师资整体成果，难有高质量的学术专著和论文产生，在课题申报方面，也很少见到国防教育类课题获得通过。这就使得国防教育师资成果形成恶性循环，并进一步导致国防教育教师职称序列至今未能完全确立，只在吉首大学、厦门大学等少数院校设有国防教育教师职称评审序列，导致师资建设的吸引力欠缺。由于学校国防教育教学多是挂靠行政部门，导致教学经费不足，也严重影响师资队伍建设。

随着国防教育师资建设展开，SWOT分析法与"期望理论"一样，皆是重要的分析工具。

## 三、学校国防教育师资建设的制度框架

通过上述对当前学校国防教育师资现状的介绍和两大理论的简单分析，笔者拟提出促进学校国防教育师资建设发展的制度框架。

## （一）军地协同创新，打破机制壁垒

学校国防教育师资建设，从学科基础和既往建设经验来看，需要军地双方合力共为。并从军民融合发展角度，破除当前军队和地方、各级各类管理部门的机制隔阂。

**1. 军地共同培养各类和各层次师资**

尽管当前东南大学等院校国防教育方向研究生或相关专业研究生培养处于极低规模阶段，但已有的经验即是争取驻地部队和军事院校的培养支持，"军地结合的素质培养是学科队伍建设的促进因素"[①]。东南大学争取到了海军指挥学院、南京陆军指挥学院等军事单位支持。然而，需要指出的是，这仅是军地院校间的互相支持，并非更高层级的制度安排。这也是当军方培养力量转业或调离岗位后，师资培养团队不断弱化的原因所在。因此，需要国防部、教育部等国务院相关部委做好顶层设计和综合协调工作。

笔者认为，首要的任务是确定各学段中国防教育的师资需求量。如江苏省规定各高校国防教育师生比为1：800，可以此标准，结合高校已有专职师资存量，测算高校国防教育师资需求总量；再以各省份为单位，确定2—3所具有较好培养资质的普通高校，联合区域军事院校和其他军事单位，组建培养团队，拟定分阶段的师培计划，并规划硕士和博士两级培养层次。中小学国防教育师资需求量，如上测定，并在上述确定的普通高校中，设定本科专业，并统筹已有高校开设的相关专业，学前阶段国防教育师资由中小学国防教育师资适当兼顾。由此，形成了以各级教育行政部门和军事行政部门为主导、各优势院校单位负责、各级培养层次兼顾且梯次发展的军地培养共同体。

**2. 整合当前国防教育行政管理力量**

客观而言，当前学校国防教育行政管理力量较为分散，主要有各级教育行政部门、各级国防和军事管理部门、各级宣传部门和部分省份在省委

---

[①] 谢素蓉：《普通高校国防教育学科队伍特点与建设》，载《教育评论》，2017年第1期。

下设的国防教育处等。然而，看似管理归口很多，但"九龙治海"，政出多门，各行政管理主体经常性的评比和检查等活动，尽管对学校国防教育及师资发展有促进作用，但也模糊了学校国防教育和师资建设的主要发展方向。因此，突出需要对当前国防教育行政管理力量进行一定整合。

所谓整合，并非是将所有管理职能集中在某一部门，尽管这样是政出一门，但依然是管理职能混杂。整合的目的并非是把管理权力集中，而是各项职能优化分配的过程。就长远来看，整合国防教育相关行政管理力量，需要在教育部门、国防和军事部门和党口部门三者之间形成有效的职能分配机制：党口部门管政治方向，教育部门管教育实施，包括师资建设和学校国防教育体系整体推进等，国防和军事部门响应学校国防教育师资建设的各项要求，配合教育部门职能实施。

（二）推进学科创生，确立职称序列

职称序列和学科创生实际上并非是两个独立单元，而是互为表里的统一体。正是因为学科未成形，导致在学校教育范畴内，难以有相应职称系列，尽管教师资格系列中有"国防教育与管理"科目，但并没有解决职称难题。

**1. 差异化促进国防教育学科创生**

应当说，国防教育学科创生，就目前来看，缺少一些基本支撑点，包括学术阵地、学术团队和学科基础等方面。与思政课程相比，政治课程具有成熟的政治学、社会学和历史学等学科基础，且不涉及军事系统。这也是为何两类课程同时发展，但时至今日，尽管对学校国防教育的相关支撑政策并不缺失，但发展境况大相径庭的主要原因所在。因此，从传统思维审视国防教育学科创生，并非是有效策略。

所谓差异化学科创生策略，是从两个方面着手：一是立足于军事学科，以上述军地机制壁垒打破为基础，在普通高校适时建立军事学科，与此同时，普通高校中，教育学等优势学科可以与军事院校学科有效交叉，但短期内以军事院校军事学科为主线。关于这点，从国防科学技术大学开始招收非军籍的地方研究生中，可寻求经验做法。二是立足于政策照顾，吉首大学国防教育训练学学科点申报也是前后三次，最终成功。因此，在做好准备工作的前提下，适当的政策照顾，是当前国防教育学科创生及学校国防教育师资建设的必由之路。

**2. 将国防教育师资职称单列**

近10年来，不断出现要求将国防教育师资职称单列的呼声，江苏省教育厅也曾出台要求各高校将国防教育师资职称单列的相关文件。但一个最为现实的问题即如上文所述，当前多数师资为行政兼职，不存在教学职称问题，而专职教师人数极少，且分散在少数高校，难以形成合力向学校人事等部门诉求。因而内在需求动力不足，部分导致文件规定形同虚设。

将职称单列，关键在高校。如厦门大学已经将国防教育师资职称单列，为学校国防教育师资建设提供了较好发展导向。然而最核心的问题是在单列现象的背后，涉及到上述所言的学科依托、学术阵地等方面。进一步来看，是职称的实质单列问题既不会受相近学科职称系列的干扰，也不会在单列过程中，过于独立。从而避免思政教师职称系列目前所面临的一些问题。因此，职称单列过程中，最需要避免的就是缺少成熟学科的依托，而过于强调单列。

**（三）突破课程局限，完善教学实体**

学校国防教育师资建设发展过程中的诸多问题，从更宏观的视野出发，其原因之一恰是课程本身的限制。这也是国防教育课程在学校处于边缘化的原因之一。事实上，无论是对哪个学段，学科教学是第一任务。因此，解决师资发展难题，突破课程限制是重要思路之一。

**1. 扩展课程范畴**

如果国防教育课程仅是以《军事理论》课程为主，显然会将国防教育师资发展路径导入狭窄化通道。实际上，无论是综合性大学、专门性大学或学院，抑或是中小学校，与国防教育相关的课程一直较多。以农业院校为例，农学类学生野外实习，涉及到军事地形学与野外生存；传媒艺术类学生在课程学习中，涉及到战争影视艺术；医药卫生类学生也会涉及到战场救护、战争医疗等内容。这些都是国防教育课程范畴拓展的空间所在。而这些课程范畴拓展的过程，就是师资基础不断丰富的过程，也是提升学校国防教育师资整体层次的手段之一。

因此，在学校国防教育师资设计，特别是高等院校国防教育师资体系设计时，应当明确国防教育课程体系或课程群，以此确定各类国防教育师资建设方向，选择其他学科师资参与相关课程开发和建设，夯实整体师资建设实体，并为今后课程体系的专业化发展积淀师资基础。国防教育课程体系在校内影响的逐步扩大过程，也是地位不断提升和巩固的过程，这也是职称单列、学科创生等问题的重要解决路径之一。

**2. 扩充教学实体**

当前，学校国防教育教学实体处于弱化状态，中小学基本不存在教学实体。高校教学实体主要是武装部、军事理论教研室等，但受制于近年来学校二级单位改革等影响，多是与其他二级单位合署，这导致教学实体发展的业余化。相当部分高校，由于实行教学与行政分离，武装部和军事理论教研室分属不同的二级单位，导致在行政归口管理上，存在诸多麻烦。由于是挂靠，也弱化了这些教学实体的地位和作用。

笔者认为，应着重从三个方面解决这种实体虚化问题。一是明确国防教育教学中心地位，现有的武装部、军事理论教研室等可统组为院校国防教育研究中心，负责全校学生军事技能训练和军事理论教学，其征兵和军民融合发展等任务可以视为研究中心的社会服务事务之一，从而突出中心的教学研究和社会服务职能。二是在有条件的高校，当设立国防教育教学中心后，可结合当前教育部对各高校发挥区域研究特长的政策要求，重点做好对所在区域方向的研究工作，如东盟研究中心、东南亚研究中心等，将其设置在国防教育研究中心之下，此举一方面可以扩大中心实体规模，另一方面，由于这些区域研究，本身是与国防教育关系甚密，也可促进国防教育教学研究。三是成立省级国防教育教学与研究单位，作为业务指导部门，对各院校国防教育中心作业务指导，并成为各院校的纽带。

学校国防教育师资建设由于基础差、方向模糊和学科缺失等原因，当前存在诸多问题。笔者也是尝试提出解决诸多问题的可能路径。事实上，加强师资建设的理论分析和制度设计，是解决师资建设窘境的必由之路。

# 高校国防教育教师"学习共同体"构建

## ——突破教师发展困境的有效途径

谢素蓉  陈秋惠[*]

**摘　要**：教师"学习共同体"通过团体的力量，为国防教育教师突破发展瓶颈提供了新的思路。当前，我国不同学科背景的国防教育教师自发组成了不少共同学习、共同研究的非正式组织，"学习共同体"已经初现雏形，这些都有助于提高我国国防教育教师专业发展水平，进而促进国防教育学科建设。本文从现实基础、国防教育教师专业背景和学科特点三个角度出发探讨了构建国防教育教师"学习共同体"的优势与问题，进而提出完善"学习共同体"雏形，构建高校国防教育教师"学习共同体"的策略，以期有利于突破当前高校国防教育教师发展的困境。

**关键词**："学习共同体"；国防教育；教师发展

---

[*] 作者简介：谢素蓉（1978年—），女，2011年6月毕业于厦门大学教育研究院，高等教育学博士；陈秋惠（1992年—），女，2017年6月毕业于厦门大学教育研究院，国防教育专业硕士研究生。

基金项目：教育部哲学社会科学研究重大课题攻关项目"新时期学校国防教育和学生军训工作体系建设研究"（14JZD052）。

随着国内外学者对"学习共同体"的深入研究，目前普遍认为教师"学习共同体"能突破传统教师培训的单一形式，是促进教师专业发展的新范式。当前国防教育学科尚在建设当中，由于缺乏系统专门的教师培养体系，在师资相对短缺、专业水平不一、工学矛盾严重的情况下，国防教育教师自发组成了"学习共同体"，希望通过这一共享机制、借团队的力量以打破个人专业发展的瓶颈。然而，当前国防教育教师自觉形成的学习团体严格意义上只能说是一个"学习共同体"的雏形，在此基础上，还需不断完善、规范，构建有效的"学习共同体"，以促进国防教育师资队伍和学科队伍的专业发展。

## 一、"学习共同体"，突破国防教育教师发展困境的有效途径

### （一）"学习共同体"的含义

"学习共同体"一词作为教育学概念最早是由博耶提出的，他在1995年发表的《基础学校：学习的共同体》报告中指出，有效的学校教育首要且最重要的是建立真正意义上的学习的共同体，并且在"学习共同体"中，有共同的愿景；彼此之间能平等交流；虽有纪律规则约束但是气氛很快乐，能够关心照顾学生。[①] 20世纪90年代，教育界关于"学习共同体"的研究与实践主要集中在学生"学习共同体"、中小学校的"学习共同体"以及中小学教师"学习共同体"等方面。随后，"学习共同体"在基础教育应用领域取得的成果引起了高等教育相关研究者与实践者的注意，尤其是研究高校教师发展的学者们的注意。

从当前研究成果来看，学者们对教师"学习共同体"涵义与特性的理解并无异议，强调教师"学习共同体"由教师自发组成，是教师专业发展的有效途径。例如有学者提出，教师"学习共同体"是一种非制度化的组

---

① 潘洪建、仇丽君：《"学习共同体"研究：成绩、问题与前瞻》，载《当代教育与文化》，2011年第3期，第56—61页。

织，它是由学校中具有共同价值意识和发展愿景的教师自发组成的，以合作、交流、共享为活动形式，着力于解决教学实践问题和专业发展问题，以促进教师专业发展为目标的学习型组织。[1] 另有学者提出"教师'学习共同体'"是由具有共同兴趣和学习意愿的教师自愿组成的，以提高专业化水平、促进专业发展为目标，能为团体中每位教师的专业发展提供良好环境的团体。[2] 还有学者认为："教师'学习共同体'实际是通过向教师提供一个寻求帮助、建立关系和信任，同时获得个人专业发展支持的学习组织，达到消除教师孤独感、促进教师专业化成长、支持教师终身学习和发展的目标，最终真正提高教师教学质量。"[3]

由此我们可以总结出"学习共同体"所应具备的基本特点：作为教师自发组成的共同体，是一种以专业发展为目的，基于共同的愿景而形成的非正式学习型组织。虽然是非正式组织，但仍需要一定的纪律规范以保障其可持续运行和发展。因此，可以说教师"学习共同体"是以促进教师专业发展为目的，由具有共同发展意愿的教师自发组成并设置一定的规章、制度，通过平等合作、交流共享的活动方式共同完成目标的一类教师群体。高校国防教育教师"学习共同体"可以大致理解为，高校教师出于军事理论课教学、国防教育学科建设和相关课题研究等目的而在一起，在活动中相互沟通交流、相互学习分享，以提高教师专业水平而形成的一类教师群体。

## （二）国防教育教师发展困境需要谋求新的途径

教师发展的核心在于促进教师的专业化水平不断提高，成为一支训练有素的不可替代的专门队伍，使教师职业具有不可替代性，从而提升教师的地位和工作条件。潘懋元教授认为，根据当前中国高等教育的发展水平

---

[1] 刘桂辉：《大学教师"学习共同体"的内涵及价值》，载《教育与职业》，2015年第5期。
[2] 王京华：《教师"学习共同体"——教师专业发展的有效途径》，载《河北师范大学学报》，2013年第2期。
[3] 原霞：《教师"学习共同体"：高校教师教学学术发展的一种新范式》，载《福建师范大学学报（哲学社会科学版）》，2012年第1期。

和程度，以及特殊的文化背景，高校教师发展从强调教师职业的伦理性逐渐转向强调教师职业的专业性。从封闭、定向转向开放、多元。从职前教育转向终身学习①。笔者认为高校国防教育教师专业发展也应当和终身教育相结合，教师一方面要依托教育组织，进行终身训练，不断提高专业素质，另一方面，要通过个体的终身学习来促进自身专业的生长和发展。然而，当前国防教育教师发展主要依托的还是岗前和岗后有限的培训。培训的滞后性与不连贯性、教师面临的工学矛盾以及对国防教育学科的不认可等情况，影响了国防教育教师提升专业发展的自觉性，同时也制约了国防教育教师的专业发展路径。

首先，长期以来高校教国防教育教师专业发展的主流范式有岗前、在职培训和教师自我发展两种。但是培训作为一种短期的、封闭式的、以知识和技能灌输为主的学习方式，已经暴露出一些不足。军事科学涉及的领域广泛、发展变化快、综合性强，当每个相关领域有新的发展后，都会引起军事科学内容的变化，知识和技能的更新周期短。单纯依靠容量有限的短期培训难以满足国防教育教师专业发展的需要。而以"学习共同体"为途径的发展方式能整合每个个体的力量，节省个人摸索专业发展的时间，可以达到取长补短的效果。其次，教学任务的繁重影响了教师科研时间与精力的投入。军事理论课作为一门全校性的公共必修课，保障军事课教学质量是国防教育教师的首要职责，教师必须具备教学所需的专业知识与技能。而高校国防教育教师来源情况较为复杂，队伍一般是由部队转业干部、地方院校毕业生、军事院校毕业生等组成。一方面，来自地方院校教师在承担教学任务之前并不熟悉、甚至不了解军事科学知识，教师需要花费大量的时间准备教学内容；另一方面，部队转业干部和军校毕业生虽然有丰富的军事科学知识，具有一定的实践经验，但对地方院校的课程规律与学生特点认识不深，讲课经验普遍不足。因此，教师在准备讲授内容之外，还需要注意挖掘新的教学手段，掌握一些教育学的理论知识与技能，

---

① 潘愁元、罗丹：《高校教师发展简论》，载《中国大学教学》，2007年第1期。

提高教学质量。这使得教师个体的自我发展受到极大的限制，迫切需要以团队合作为方式谋求专业发展。

最后，学科的不成熟影响了教师学术水平的提高。一方面，国防教育学科仍处于初创阶段，需要教师在争取外部建制的基础上，大力开展理论研究来推动国防教育学科的建设；另一方面，正因为没有学科作为依托，国防教育教师面临着没有专业的学术刊物、没有制度化的学会或者研讨会等难题，这使得国防教育教师的学术发展受到更多的阻碍，发展的程度受到限制。除此之外，社会对国防教育意义认识不足、高校对国防教育教师管理机构设置不完善等情况造成了教师对学科的归属感普遍较低，对这份职业的认可度不高，这些都影响了国防教育教师专业发展的能动性。

(三)"学习共同体"为国防教育教师专业发展寻找新的视角

高校国防教育教师"学习共同体"可以突破培训、个人精力有限的限制，提升国防教育教师学科归属感。

首先，高校国防教育教师"学习共同体"是基于一定教育教学情境和问题研究的教师"学习共同体"，组织成员有着共同的目标，围绕着教育教学和课题研究的内容，展开交流、进行合作。在这样一个团体学习过程中，国防教育教师既分享了个人的经验，也对其他教师的先进知识和实践资源进行了借鉴，在思想碰撞中集思广益、博采众长，达到丰富专业知识、提高教学技能、提升学术水平的效果，实现共同发展、共同进步的目标和理念。作为一种非正式学习型组织，在知识体系的灵活更新和教师自身在专业发展过程中主观能动性和个性的发挥上，"学习共同体"都存在明显的优势，它通过知识共享机制，对教师进行终身教育，是一种更富弹性、灵活开放的专业发展途径。

另外，国防教育课程作为培养大学生爱国主义情怀、增强学生国防观念与国防意识，为国家输送高素质国防后备力量的课程，需要国防教育教师有坚定的职业信念与热情，而"学习共同体"对提升教师职业和学科的认同感、归属感有积极作用。在"学习共同体"中，大家为了共同目标一起努力，成为友好的伙伴关系，不仅一起解决教学科研中出现的问题，促进国防教育教师从"教育者"向"专家学者"转型，而且还能获得一种精神上的支持和鼓励，提升国防教育教师对职业的认同感。而且，通过构建"学习共同体"，整合各学科优势，进行国防教育的学科建设，是提高国防教育学学科地位和国防教育教师专业地位的根本途径。

因此，普通高校国防教育教师专业发展需要教师"学习共同体"，高校国防教育教师"学习共同体"也是应教师专业发展需求而出现的。

## 二、高校国防教育教师"学习共同体"的构建优势与问题

**（一）高校国防教育教师"学习共同体"已现雏形，仍需不断完善和丰富**

《普通高等学校军事教学大纲》规定了高等学校国防教育课程包括两部分内容，即军事理论教学和军事技能训练。这在客观上要求国防教育教师具备广博的军事科学知识和熟练的军事技能。因军事学科的综合性强、发展变化快等特点，来自不同专业背景的老师为了能更好的理解这门学科，传授学生知识，经常自觉自愿地组织起来进行集体备课、开展学术研讨会等形式的活动。同时，在进行课题研究时，因其涉及领域广泛的特点，也会与其他相关学科的高校教师进行合作交流、共同研究。这种为了共同的目的聚集在一起的教师团体，已经具备高校国防教育教师"学习共同体"的一些特征，这为我们构建"学习共同体"提供了现实基础，但仍需不断完善和丰富。

首先，这些教师团体主要由教师自愿自发组织起来，都是以专业发展为目的，教师之间具有共同的愿景，这是形成团结合作的文化氛围，实现教师"学习共同体"有序发展的基础；但是许多教师在自发组成学习团体的时候并不是从建立一个可持续发展的知识共享机制出发，按照学习型组织的要求来不断完善这一团体；更多的是从工作实际需要出发，针对某些

具体的教学或科研任务展开临时性的合作，缺乏持久地合作愿景和具体的合作目标；再加上国防教育学科平台限制，教师们要获得专业上的发展，争取有限的资源，彼此存在竞争性。具体表现为一些教师既想通过"学习共同体"获得团体的助力，又担心彼此之间成果共享之后得不偿失，影响了"学习共同体"的合作氛围。

其次，作为非正式的学习型组织，具有知识更新灵活，学习途径富有弹性等优点，但非正式组织并不表示不需要固定的交流平台和规范的组织文化制度；如果缺乏建设、完善"学习共同体"的自觉性，组织容易涣散。相关理论研究也表明，在"学习共同体"内外部建立相关的组织制度确保活动的正常开展，是教师"学习共同体"运行的关键。而当前的国防教育教师"学习共同体"在这方面存在的问题较多，成员们并没有明确活动开展的时间、频率，更没有制定活动的规则等，缺少制度化的规范与保障，活动更多是临时性的、自发性的，具有随意性，缺乏有效性，教师参与范围不够广泛。这些因素都会影响教师职业知识与技能的提升。此外，国防教育"学习共同体"的设立更多是教师自愿自发形成的，缺少学校及社会的认可支持与物质条件的保障，而这些对维持国防教育教师"学习共同体"尤为重要，是共同体正常运行的动力来源。缺少这些条件，教师对"学习共同体"的归属感与认同感则不高，也就间接影响了教师对整个学科的归属感与认可度。

(二) 高校国防教育教师多元的专业背景是构建"学习共同体"的先天优势，仍需不断优化专业结构

高校其他学科教师的"学习共同体"，虽然有成熟的学科背景，但教师主要来自同一学科体系；而高校国防教育教师队伍一般是由部队转业干部、地方院校毕业生、军事院校毕业生等构成，学科专业涵盖面广，有军事学、教育学、历史学、社会学、思想政治教育等，这对构建教师"学习共同体"有着先天的优势。现阶段高校国防教育教师之所以能够自发形成团体互帮互助，正是因为教师们专业多元、教学与实践经验不同，而军事科学综合性强、内容更新快，单靠教师个体很难把握军事课的精髓，因此

组成团体探讨课程教学内容时，能充分发挥利用各教师的不同专业特点与专长，为成员们提供多角度的思考与理解，甚至获得一些直观具体的教学素材。

但是，国防教育教师专业的多元性是由于缺乏系统、专门的学科培养体系而造成的，教师往往数量不足，教师们的专业结构也有待优化，因此在规范完善教师"学习共同体"时，需要在现有基础上考虑教师专业背景配比等问题，这就不能将"学习共同体"只局限在本单位、本行业的范围内合作。"学习共同体"应建立开放的体系，在国防教育教师队伍基础上，吸收其他院系、高校相关学科教师，不断优化"学习共同体"内教师的专业结构；同时针对不同的教学、科研任务进行具体项目合作时，要充分考虑教师们的专业背景和专长进行合作成员的选择。

**（三）国防教育学学科内容的综合性有利于吸纳其他学科及行业合作者，仍需加强学科平台吸引力**

高校教师是一个有着专业的知识结构、较高的学历层次和深厚科研功底的群体。充分发挥这一群体的力量，利用高校优质资源，进行我国国防教育学科建设，就不能只局限在本学科、本行业教师群体的合作上。而且国防教育学研究内容具有综合性，与其他学科存在一定的交叉性，这有利于吸纳其他学科及行业合作者。当前不少国防教育教师就已经和其他院系教师合作申请课题共同进行科学研究。

然而，长期以来，国内高校普遍按照"校—院—系"三级组织管理模式，虽是出于专业化教学的需要，但是无形之间却给教师横向跨院交流设置了障碍。所以当前的国防教育教师"学习共同体"更多地属于国防教育教师为解决某一问题，主要在本单位和本行业内自发组成学习团体，这是一种同行互助的相处模式。在和其他学科、行业的教师合作中，往往是以其他学科为主。由于国防教育教师各自的专业背景不同，他们往往在其原本专业范畴和其他院系教师展开合作。比如历史系出身的国防教育教师和历史系专业教师进行历史学而非国防教育学的研究。这主要是由于国防教育学科平台发展资源的不足，发表论文、申请课题都遇到困难。国防教育教师为获得个人的发展，不得不利用自己的专业出身转战其他外部建制成熟的学科。偶有国防教育和其他学科的交叉研究，也都是以其他成熟学科为主，国防教育教师仅在研究中起必要的辅助作用，至于专门引入其他交叉学科教师甚至其他行业专家，推动国防教育教师的发展和学科的建设则是比较少的，迫切需要提高学科平台的吸引力。

## 三、完善"学习共同体"雏形，构建国防教育教师"学习共同体"

（一）确立"学习共同体"目标，规范"学习共同体"制度

我国高校国防教育教师"学习共同体"已经已具雏形，仍在不断完善之中，构建高校国防教育教师"学习共同体"并不需要另起炉灶，而是需要在现有雏形基础上，建立持久的合作愿景和具体的合作目标，设置规范完善的"学习共同体"制度，由自发性无序走向自发性有序。

"学习共同体"代表什么，"学习共同体"成员力图实现什么发展？共同愿景的形成应该是国防教育教师"学习共同体"全体成员共同参与努力而形成的。当前很多国防教育教师"学习共同体"并没有明确细化的目标。因此，各成员可以在明确自己的个人愿景基础上，集体讨论以整合个人愿景。当然，不同类型的国防教育教师"学习共同体"的愿景不同，在共同愿景之下也需要确定阶段性的小目标。同时，共同愿景并不是一成不变、静止不动的。它的含义和表达方式会随着"学习共同体"成员的反思、谈论和运用而改变，这需要教师们不断地共同探讨如何建立未来的共同愿景。此外，国防教育教师"学习共同体"需要有平等合作共享的组织文化。然而高校中存在各种利益纷争，一些教师持有强烈的排他心态，不愿意与其他教师分享自己积累多年总结出来的成功经验，即便与他人交流，也往往浮于表面而形式化。在国防教育教师"学习共同体"中，如果教师间的交流合作流于形式，那么"学习共同体"的存在就没有意义。只有当所有教师坦诚相待，深入开展交流合作，将个人的疑惑转化为集体的问题，齐心协力凝聚集体智慧解决问题时，每位教师才能挖掘出远比个人

更深入的见解，看到理解问题的不同角度，博采众家之长。从团体中不断获取的新信息、新资源，能丰富国防教育教师个体的知识经验，提高学习效率，促进整个国防教育教师队伍专业水平的提高。

共同目标的确立是形成"学习共同体"合力的前提，制度化、规范化则是保障"学习共同体"有效运行的条件，它是指需要确定"学习共同体"活动种类、举行时间、频率、方式、领导者等。虽然"学习共同体"是建立在教师们自觉主动学习的基础上，但是自觉性不是能永远自发形成，其成长也需要经历由他律向自律过渡的一个阶段。因此，通过制度的方式，确保教师在国防教育教师"学习共同体"内的专业发展得到时间、空间和资源的支持，保障教师互动平等，资料共享充分。

### （二）优化教师配比，建立开放的组织体系

高校教师"学习共同体"并不是简单的同一专业教师的联合体，而是要为有共同需要的、来自不同学科背景的教师提供一个交流平台。当前，国防教育教师"学习共同体"主要是在国防教育教师内部成立的，彼此之间因教学、科研需要而聚集在一起，同行互助型的"学习共同体"。虽然国防教育教师在专业背景上具有多元性，但专业结构并不优化，教师数量尚有不足。要不断完善教师配比就不能局限在本单位、本行业，还需引入其他院系、高校的相关学科教师，搭建跨院、校交融型的教师"学习共同体"，实现资源的多重聚集与跨界融合，为国防教育教师发展提供更多的机会，为"学习共同体"注入新的活力。

总之，国防教育教师"学习共同体"应该是一个开放的组织，不仅不局限于本单位、本校院系之间，还要更多的尝试跨校合作及与社会之间的合作；不仅要在不同专业背景、不同水平的国防教育教师之间交流，还要加强与其他相关学科教师之间的交流；不仅要有同行互助式的合作，也要有专家引领式的合作。教师"学习共同体"成员组成虽然建立在自愿自觉参加的基础之上，但团体本身也应根据自身类型和共同愿景，针对具体教学和科研合作，对成员有所选择，有所争取。

### (三) 创建学科平台，建立相关支持系统

由于国防教育学科创建的紧迫性、国防教育研究内容的综合性以及国防教育师资的短缺性，迫切需要教师多方联合起来，群策群力地提高国防教育教学的质量，促进国防教育学科建设，使课程与学科建设协调发展。而教师"学习共同体"是由教师自愿参加，自我管理的非正式组织，这就需要创建好学科平台，才能吸引更多的优秀教师加入团体。

对于国防教育教师来说，当前在科研与职称评定上面临很大的困境，使得国防教育教师的职业生涯发展受阻。因此，创建学科平台，建立自己的专业期刊与专业阵地，为国防教育教师"学习共同体"的发展提供学科支撑，是解决国防教育教师专业发展的根本出路。而对于高校其他相关学科的教师来说，他们更倾向于和成熟学科的研究者交流与合作，更能获得自身专业水平的发展与提高。这也需要不断提高学科平台的吸引力。而要创建好学科平台，仅有教学型"学习共同体"是不够的，还需要构建研究型"学习共同体"，国防教育教师"学习共同体"大都是以解决军事理论课中的教学问题为目标，围绕着这个目标开展集体备课、交流研讨等形式的活动。然而，高校教师除了需要进行课堂教学外，更重要的是需要通过学术研究促进学科发展、丰富教学内容、提升学术水平。国防教育教师更不例外，因其学科尚在建设之中，需要教师通过开展学术研究来推动学科的建设。雅斯贝尔斯曾精辟描述："最好的研究者才是最优良的教师。只有这样的研究者才能带领人们接触真正的求知过程，乃至于科学的精神。只有自己从事研究的人，才有东西教别人。而一般教书匠只能传播僵硬的东西。"[1] 因此，在构建教师"学习共同体"的过程中，不仅要关注教学实践共同体，更需要重视科研共同体的构建。当然，这两者之间并没有绝对的界限，在国防教育教师日常教学中，同样可以开展教学研究。

此外，"学习共同体"的构建是一项复杂的工程，仅靠教师自愿自发的行为是难以维持和发展的，还需要外部的认可与支持。从学校角度来说，

---

[1] 雅思贝尔斯著，邹进译：《什么是教育》，上海三联书店，1991年版，第152页。

国防教育教师"学习共同体"虽然不是学校的正式组织，但却是教师真实的发展空间，对于促进国防教育教师的专业发展、提升国防教育师资队伍质量等产生积极影响。学校在赋予国防教育教师"学习共同体"权力以保障学术自由的同时，应该给与一定物质条件保障，建立相关的支持系统。国防教育学科还在创建阶段，高校应积极激励、引导国防教育教师创建"学习共同体"。在学科平台不成熟的情况下，学校应帮助教师合作突破专业、学科、院系界限，鼓励不同学科背景、不同发展水平的教师合作；支持国防教育教师积极与外校同行、社会国防教育人士等展开交流，为国防教育教师跨学科、跨院校的合作交流搭桥引线；引荐国防教育专家参与到"学习共同体"中指引教师专业发展，为国防教育教师"学习共同体"搭建平台。

**参考文献**

吴温暖、郑宏、谢素蓉：《论国防教育学科的创生》，载《高等教育研究》，2008年第11期。

王沙聘、陈波：《试论普通高等学校国防教育学科队伍建设原则》，载《中国科教创新导刊》，2010年第8期。

刘小强：《学科建设：元视角的考察——关于高等教育学学科建设的反思》，厦门大学博士学位论文，2008年。

# 高校国防教育课程评价的基本问题

胡勇胜[*]

**摘 要**：深入探讨国防教育课程评价问题，是推动普通高校国防教育学科建设的应然要求。国防教育课程评价的基本问题是其课程建设的根本性问题，包括了课程评价的主体、客体、方式，以及各教育要素及其相互关系，是一个复杂的体系。从国防教育课程评价的内涵界定、基本原则、方式选择、指标设置和执行程序等方面分析国防教育课程评价的基本问题，显然是可行和必要的。

**关键词**：普通高等学校；国防教育；课程评价；基本问题

课程评价是高校国防教育课程建设的重要部分，不仅具有检测、鉴定与选拔功能，更应体现国防教育课程教学的导向、反馈和激励功能。课程评价的基本问题是国防教育课程建设的根本性问题。因为只有系统、科学

---

[*] 作者简介：胡勇胜（1981年—），男，2011年毕业于中南大学，获硕士学位，现为湖南科技学院军事教研室主任、副教授，目前已发表国防教育专业论文30余篇，主持省厅级课题7项，7篇论文获得省级及以上学术评比一、二等奖。

的课程评价,才能促使高校国防教育课程设计更合理,决策更科学,实施更有效。正如美国教育家布卢姆所说,"教育评价的功能在于促进,而不仅是选拔。"① 那么,哪些问题该纳入国防教育课程评价的基本问题范畴呢?这是值得学术界探索的,也是学科建设路上必须要回答的问题。笔者拟从国防教育课程评价的内涵界定、基本原则、方式选择、指标设置和执行程序等方面做一番探析。

## 一、高校国防教育课程评价的内涵界定

探讨高校国防教育课程评价的内涵,需要对教育评价、课程评价、国防教育评价等概念做一番梳理。当然,关于教育评价、课程评价的内涵有不同说法,在此只择其一加以说明,不对其他论说进行评说。教育评价理论起源于美国,以泰勒为代表的美国教育评价委员会认为,"教育评价就是衡量实际活动达到教育目标的程度,测验是它的手段。"② 课程评价作为教育评价的重要组成部分,通过系统调查、收集数据资料,对学校课程满足社会与个体需要程度做出判断的活动,以此决定是否接受、改进或排除课程或特定教科书的过程。③ 罗红铁和董娅认为,"思想政治教育评估是根据一定的价值标准,采用一定的方法,对思想政治教育活动的发展变化、教育效果以及与思想政治教育活动相关的各种条件因素的价值判断过程。"④ 王红星认为,国防教育评价开展以国防教育价值观和目标分类体系为依据,评价活动是一个信息反馈的过程,通过对国防教育系统状态变量的分析,以此来评鉴和判断国防教育的社会

---

① 瞿葆奎:《教育学文集·教育评价卷》,人民教育出版社,1989 年版,第 149、164、165 页。
② 王永红:《美国教育文化与泰勒教育评价模式研究》,硕士学位论文,河北大学,2011 年,第 10 页。
③ 廖哲勋、田慧生:《课程新论》,教育科学出版社,2003 年版,第 402 页。
④ 罗红铁、董娅:《思想政治教育原理与方法基础理论研究》,人民出版社,2005 年版,第 308 页。

价值。①

　　张正明等认为，普通高校国防教育课程评价是指根据一定的评价指标体系和价值判定标准，通过系统地收集有关的信息，遵循合理的评价原则，运用专门的评价方法和技术，对高校国防教育课程建设指导思想、组织机构、师资结构、师资学术水平、教学工作质量、学生学习质量、教学设备条件等方面做出价值判断的活动。② 张美纪分析了高校国防教育课程评价的主体、客体和方法，但没有对高校国防教育课程评价的内涵做出具体阐述。即高校国防教育课程评价的主体应该是国家教育行政部门、各级军方部门、高校领导者和具体的国防教育工作者，当然还包括受教育的大学生。高校国防教育课程评价的客体是贯穿于国防教育全过程的，既包括国防教育法规政策、教育方针原则、教学目标和大纲等教育系统上端的内容；也包括教学内容、教学方法、教学的形式和手段等教育中端的内容；还包括对国防教育工作者和大学生的评价等教育下端的内容。高校国防教育课程评价的方法与手段应该是多样的，是在定性与定量分析结合下，将采集的资料与数据进行科学的分析。③

　　综上所述，学术界对高校国防教育课程评价的内涵进行了有益探索，有效推动了国防教育课程评价理论和实践的发展，但还存在一些不足。一是国防教育课程评价的主体不明确；二是事实判断与价值判断不够统一；三是社会需要与个体需要结合不够紧密。因此，笔者认为，普通高校国防教育课程评价是指，评价主体依据一定的价值标准，遵循合理的评价原则，采取有效的方法，对国防教育课程教育教学活动的发展变化、教育效果，以及与国防教育课程教育教学活动相关的各教育要素及其相互关系等方面做出价值评判的活动。

　　要有效把握这一概念，还需要从如下几方面理解其内涵：

---

① 王红星：《江苏省普通高校国防教育评价指标体系完善研究》，硕士学位论文，广西师范大学政治与行政学院，2014年，第8页。
② 张正明等：《高校国防教育课程评价指标体系的建构》，载《西安交通大学学报（社会科学版）》，2011年7月。
③ 张美纪：《普通高校国防教育课程评价体系探究》，载《中国成人教育》，2014年第20期。

一是评价主体具有多元化和层次性。根据不同需要，普通高校国防教育课程评价主体可以是教育部、教育厅（委）、高校、高校教学主管部门；还可以是军队主管部门（从中央到省、市级）、某军种部队、社会其他有关单位或机构，以及大学生。从纵向来看，评价主体在教育系统包括了四个层级，军队系统包含了三个层级；从横向来看，国防教育课程评价主体可以是教育部门与军队有关部门联合组建评价班子，也可以由社会有关专业评价机构组织，也可以由教育部门或军队系统牵头组建多方参与的评价团队。

二是评价客体的相对性和选择性。评价客体是相对于评价主体而言的，其相对性就体现在不同的评价主体所面对的评价客体是不一样的。比如，教育部作为国防教育课程评价的主体，那么其评价客体就包括高校落实中央关于国防教育课程教育教学的有关情况，国防教育课程建设、教学机构设置、教师队伍建设、教学设施配备、教师的教学、学生的学习、课程教学在人才培养中的作用等方面情况，以及省级教育部门对高校国防教育课程教学的支持、检查与指导情况等。当然，不同的评价主体客观上就会对评价客体做出一定的选择。同时，评价客体的选择性还体现在根据某个特定的目标而进行有针对性的选择。比如，需要考察国防教育课程在征兵宣传中的作用，那么围绕这个目标，就可以有针对性地设计评价客体，而不需要把所有教育要素纳入评价范围之内。

三是评价方法的科学性和有效性。课程评价是一项复杂的系统工程，牵涉到多个教育要素。要确保评价方法科学有效，就需要做到综合利用各种有效的统计与分析方法，借用大数据系统广泛收集系统、全面的各方面信息和数据，并确保信息和数据的真实性，提高所收集信息的可信度。同时，对有关信息要保持一定的周期性。比如，国防教育课程在增强大学生国防意识方面的作用，其收集的数据应包括2—3届不同专业学生毕业后所反映的相关信息点。

## 二、高校国防教育课程评价的基本原则

其一,坚持综合评价与重点评价相结合的原则。国防教育是根据国防军队建设和发展需要,以及高等教育的人才培养目标开展教育教学的综合性活动。国防教育课程包括中国国防、军事思想、世界军事、军事高技术、信息化战争,以及相关军事技能,既有理论教学,又有实践教学,还有分散在各个时间段的相关实践活动。其内容是综合性的,应当采用综合性评价方法,否则会有失偏颇。同时,在评价对象和评价内容上宜采取重点评价。在评价对象上,不仅注重对学生、任课教师的评价,而且注重对施教部门相关人员和主管领导的评价;在评价内容上,不仅要对教师的"教"和学生的"学"进行评价,而且要对学生的思想道德素质、军事技能水平情况、国防意识养成情况等学习效果要素进行评价。

其二,坚持定量评价与定性评价相结合的原则。高校国防教育课程评价是一项复杂的系统工程,单一地进行定量或定性评价,势必影响评价结果的准确性,失去课程评价的应有之义,因此必须将两者结合起来。开展定量评价关键是对相关信息和数据"量"的获取与储存。量化信息材料的获取,主要来自国防教育课程教学、管理与研究的各种档案资料。要确保量化资料的可信度,就必须加强国防教育课程资料的档案管理,建立绩效卡片,加快档案更新周期,使档案成为灵活的信息储存器,借助大数据等系统对相关信息与数据进行分析处理,形成有效的评价报告。在国防教育课程的定性评价中,由相关专家对课程教学、管理与研究的全过程、全方位进行客观、全面的科学评价。做出课程教学评价结论时,结合国防教育课程评价的有关量化数据和信息,综合定量评价与定性评价等方面专家组的意见与建议,切不可断章取义、以偏概全。

其三,坚持形成性评价与终结性评价相结合的原则。在评价活动实践中,课程评价大都采用形成性评价方法。这样,有利于课程教学主管部门及时将评价过程中发现的问题反馈到相关任课教师,及时对有关教学活动进行纠正与改进。那么,形成性评价方法同样适用于高校国防教育课程教

学。形成性评价是在国防教育课程教学过程中进行的评价,以反馈、调控和改进、完善为主要目的,着眼于课程教学过程状态的评价。结合各高校国防教育课程教学的管理模式,国防教育课程理论教学部分的形成性评价可由教务处或军事教研室组织实施;军事技能和国防教育活动的形成性评价可由学校武装部协同有关部门共同组织实施。而终结性评价侧重于评价国防教育课程教学方案实施后的总体效益情况。国防教育课程包括军事理论课教学、军事技能训练、国防教育活动、军事类选修课等方面;国防教育课程教学兼顾大学一年级到二、三年级。鉴于国防教育课程组成的多面性和课程教学的长期性,综合性评价应以年度或学生对象为依据,而且应由学校或教育主管部门组织开展实施。同时,开展高校国防教育课程评价,应当把形成性评价与终结性评价结合起来,综合两种评价结果,最后做出全面、合理的评价结论。

## 三、高校国防教育课程评价的方式选择

遵循不同的课程评价原则,自然会选择不同的课程评价方式。下面着重选取巴西、英国、美国等国的课程教学评价方式做一番说明,以期为我国高校国防教育课程教学选择合适的评价方式提供有效借鉴。比如,巴西采取课程教学考核与课程教学评估相分离的办法。全国课程评估是由巴西教育部所属的机构——全国教育调查研究所依据非常详细的程序来执行的。课程考试的组织和管理交给外部承包商负责,外部承包商是通过公开竞标进行挑选考试方案。使用外部承包商对全国课程考试进行组织和管理,保证了课程考试的公正性、可靠性与有效性。[①]

英国华威大学的课程教学评价包括课程定期评估、课程年度评估以及院系年度评估。课程定期评估以学院为主体,并在系提交的自评报告基础上进行评价,课程年度评价以院系为主体进行,反思过去一年的教学情

---

[①] 郭斌、张晓鹏:《1996—2003 年巴西全国高校课程评估述评》,载《中国高等教育评估》,2008 年第 2 期。

况，并及时针对市场变化等进行调整，以密切关注课程发展并及时明确问题、采取整改行动。院系自我评价主要评价系里教学研究和行政等活动的优点和不足，进而明确系内资源分配的效率以及改进的潜力，从而帮助各系制订合理的教学、研究、资源等中期计划，并帮助它们努力实现这些计划目标。①

美国的课程资源评价有很多方式，使用最多的是学生评价。评价内容包括多项选择和书面评语两部分。多项选择包括对课程的全面评价以及对授课教师和教学助手的评价；书面评语包括对课程结构、课堂组织、授课内容、教学效果、教师对学生的态度、考试方式、上该课应具备的基础和准备工作、对改进课程的建议以及是否愿意对今后的学生推荐此课等的看法。美国高校设有课程评价委员会组织课程教学的评价工作。该委员会由一定数量的教师和学生代表组成，定期对各门课程进行评价。②

目前，全国各类高等学校的教育评价已全面展开。1990年辽宁省在全国率先对全省国防教育试点学校成功地进行了"形成型"评价；1992年国家教委组织全国部分试点高校进行了"终结型"评价。之后，各省对高校的国防教育工作相继进行评估，如2006年12月湖南省对中南大学等7所高校的军事课程教学工作进行了"形成型"评价。之后，还陆续对其他高校国防教育科学教学情况进行了评价，极大地推动和促进了各高校国防教育课程教学工作的健康有序发展。

2011年，教育部启动新一轮高校本科教学评估，包括合格评估和审核评估。其中，合格评估针对2000年以来未参加过院校评估的新建本科院校，审核评估针对已通过评估的高等院校。2013年12月，教育部发布关于开展普通高等学校本科教学工作审核评估的通知，拉开了全国本科教学审核评估工作的序幕。审核评估是在我国高等教育新形

---

① 罗丹：《突出"课程"要素保障教学质量——华威大学教学质量内部保障体系研究》，载《高等工程教育研究》，2007年第2期。
② 李波：《高校课程质量评价体系建探析》，载《课程·教材·教法》，2009年11月。

势下，提出的新型评估模式，核心是对学校人才培养目标与培养效果的实现状况进行评价。

面对高校国防教育领域出现的各种新情况和新问题，采取哪种课程教学评价方法需要引起高校国防教育广大工作者和教育主管部门领导的广泛重视。同时，课程教学评价方法的选择也是进行国防教育课程教学评价指标设置的前提与依据。

## 四、高校国防教育课程评价的指标设置

开展课程评价的核心问题是制定科学的评价指标体系。一般而言，课程评价指标的设置包括四个方面内容：一是科学设计评价指标。二是合理确定指标权重。三是有效设定评价标准。在这里，评价标准包含两层含义：一方面指末级指标细化后形成的观测点的等级划分准则；另一方面指对评价结论所应给予的有关核定准则。四是指标设置中需要规避的有关问题。具体如下：

第一，科学设计国防教育课程的评价指标。高校国防教育课程评价指标是指，国防教育课程教学主管方（高校或教育行政部门）依据国家有关方针政策，结合高校国防教育的实际与任务，把国防教育课程教学的评价目标转化为具体的、可测量的、可操作化的观测点或检测指标。其内涵可从三个方面来进行理解：一是指标内容要体现党和国家关于国防和军队建设的有关要求与发展目标；二是指标内容要结合普通高等学校的实际，并遵循教育规律和大学生成长成才的有关规律；三是指标内容要遵循课程教学评价的基本原则，体现出合理性、可操作性和指导性，突出评价工作的引导性和促进性作用。

评价指标是根据课程教育教学目标分解和细化出来的具体的评价内容，可以说，每一个指标就是一项教学目标。一般而言，国防教育课程评价指标由一级指标、二级指标、三级指标等组成。其中，一级指标体现高校国防教育课程的宏观教学目标，二级指标体现高校国防教育课程的中观教学目标，三级指标则体现高校国防教育课程的微观教学目标。在高校国

防教育课程评价指标体系中,一级指标具有较强的抽象性,二级指标从微观上体现一级指标的可测性,三级指标从具体内容上体现二级指标的观测点。

国防教育课程评价指标由课程定位、课程管理、课程执行、课程研究与课程改革五个一级指标组成。这五个指标总体上可反映高校国防教育课程教学的各个阶段和环节所涉及的基本要素,具有较强的代表性和明确的导向性。一级指标下设若干个二级指标,以此类推,形成完整的指标体系。同时,根据高校人才培养的目标和国防教育课程教学实际,将一些二、三级指标设定为基本指标、特色指标、核心指标、重点指标。其中,"基本指标"主要是指完成国防教育课教育教学所需要的最低条件要素,缺少其中一个或若干个要素则无法完成教学任务的必要指标。"特色指标"是指不同高校、不同教师在组织实施教育教学过程中所体现出来的管理模式与机制、教育方法与手段等与众不同的特殊要素。[1] "核心指标"是指决定国防教育课程教学质量和效果的核心要素,能够体现教育教学核心竞争力的根本要素。"重点指标"则是对于提升国防教育课程教学成效具有关键促进和带动作用,对于相关意见和建议具有适应性和改进空间的重点要素。

第二,合理确定国防教育课程教学的指标权重。指标权重是在其他因素不变的条件下,该指标的变化表现对课程教学结构和过程的影响程度。指标权重的数字大,表示该项指标在评价指标体系中占的比重较大,反之,则表示其在评价指标体系的影响力较小,但又不可或缺。实质上,课程教学评价指标体系是对高校国防教育课程价值的直接展现,体现出人们对高校国防教育认识的价值取向。那么,课程教学评价指标权重则可以看作是人们对高校国防教育价值认识的凝聚点,着重反映了国防教育课程教学中评价因素的价值大小。高校国防教育课程教学指标评价体系包含五个一级指标、若干个二级指标和三级指标。其中,一级、二级、三级指标可

---

[1] 杨勇:《高校形势与政策课程教学质量评价指标体系的构建》,载《教育与职业》,2011年12月。

以分别转化为层次分析法中的目标层、准则层、方案层指标,并利用层次分析法的具体要求确定国防教育课程教学评价的具体指标权重数。①

第三,有效设定国防教育课程的评价标准。评价标准是衡量评价对象达到评价指标各项要求的尺度。一般而言,课程教学评价标准包含两层含义:一是指对末级指标细化后形成的观测点的等级划分准则。根据课程教学的达标程度可分为不同等级,而不同的等级依据不同的课程评价要求与原则可以设定不同的评价标准。按照理论逻辑来看,课程评价的等级数量越多,其课程评价的精确度就会越高,那么课程评价的结果就越接近或远离教学目标,于是就越能清晰地对课程评价做出合理的结论。但心理学研究表明,课程评价的等级不应超过五元划分,以 2—4 个标准等级为宜,即分为 A、B、C、D 四类,处于 A、C 之间的为 B,而低于 C 的则为 D。二是指对评价结论所应给予的有关核定准则。对课程评价结论的等级划分是开展国防教育课程评价工作的重要环节之一。从微观上看,这既关系到相关任课教师的切身利益及工作积极性问题,又关系到学生的成绩评定问题;从中观上看,这关系到国防教育课程在高校的地位及持续发展问题;从宏观上来看,这关系到国家关于高校国防教育课程大政方针的调整与废立问题。因此,对评价结论的等级划分必须进行整体和系统考验,要从国防和军队建设发展需要、国防教育课程自身发展规律和高校人才培养的实际等多个层面进行全面规划。比如,教育部实施的《普通高等学校本科教学工作水平评估方案》,将评估结论分为优秀、良好、合格和不合格四种。对于获得优秀等级的,给予相应奖励措施;对于不合格等级的高校,在招生、专业设置、经费拨付等方面进行限制,并给予一定的整改期限。

第四,规避指标设置中的几个注意问题。一是指标设置的实用性与可行性相结合问题。所谓实用性就是要能解决国防教育课程教学实践中存在的各种现实问题与困难,从而促进国防教育课程健康有序地发展,发挥课程评价的应有价值。但评价指标应具有可行性,便于操作,否则其评价指

---

① 常建娥、蒋太立:《层次分析法确定权重的研究》,载《武汉理工大学学报(信息与管理工程版)》,2007 年 1 月。

标是无效的。因此，国防教育课程指标应将两者统一起来，形成完美的结合体。二是指标设置的抽象性与具体性相结合问题。国防教育课程的构成要素既有具体的因素，又有抽象的因素。因此，设置评价指标时，对于抽象的评价要素，通过逐级细化和分步分解的办法将抽象的指标逐步具体化，形成尽量多的可供人们容易操作的观测点，从而提高评价结论的客观化程度，将评价的误差率降到最低。三是指标设置的独立性与相容性相结合问题。所谓评价指标的独立性是指标体系中处同一层次上的指标不能相互包含，不能用两条指标反映同一被评因素。评价指标的相容性，是指在指标体系中各项指标不能相互矛盾、相互排斥，应协调一致地反映评价目标和被评价对象的真实面貌。① 在指标设置中，要科学有效地把握好独立性与相容性的边界与度，使各项指标能系统地反映国防教育课程教学过程的问题与特征。

## 五、高校国防教育课程评价的执行程序

首先，制定《普通高等学校国防教育课程评价方案》（以下简称《评价方案》）。《评价方案》出台后，立即下发到各层次高校广泛征求高校领导、中层管理人员、一线任课教师和广大学生的意见，并及时根据收集的意见对《评价方案》进行修订与补充。之后，再将修订的《评价方案》下发到各有关方面继续征求意见。如此反复进行两次，《评价方案》则臻于完善。然后，下发各高校执行，并给予各高校 2—3 年的准备期。

其次，组建工作机构实施评估。高校国防教育课程评价工作机构的组建可参照教育部本科教学评估的做法，由教育行政部门牵头，从军队院校和各非参评高校中挑选一定的教授、专家组成评估专家组，根据《评价方案》的有关要求，分两个阶段进行评估。一是国防教育课程评价的信息收集阶段。专家组以暗访形式，派出若干人员不定期深入各高校通过各种有效方式，广泛收集有关国防教育课程教学评价的真实信息与数据。二是国

---

① 季明明：《中小学教育评估》，北京师范大学出版社，1997 年版，第 37、73 页。

防教育课程现场检查与评估阶段。专家组深入相关高校后要严格执行国家的有关工作纪律与规定，做到客观公正地开展检查与评价工作。之后，对这个阶段所获得的信息和数据进行有效综合判断，做出科学客观的评价结论。

第三，对国防教育课程评估结论的处理。高校国防教育课程教学评价属于专项工作评估。其评估影响力自然不能与教育部的本科教学工作评估相提并论，因此，如何处理国防教育课程教学的评价结论便成了此项评价工作的关键问题。如果对达不到评价要求的高校处理过轻，则达不到评估应有的促进作用；如果处理过重，可能会牵涉到教育行政单位内部有关部门和高校自身的利益，甚至对评估工作形成一定阻碍，不利于国防教育课程评估的持续发展。评估的目的在于促进国防教育课程建设。因此，教育行政部门应针对高校国防教育课程建设设立多种奖励经费和支撑科研项目，让参评高校看到评估的实际收益所在。同时，将高校国防教育课程评价结果与高校党建、思想政治教育评估，以及文明高校、文明单位等相关综合性奖项的评定结合起来，提高专项评价工作的附加值，从而推动高校国防教育课程评价工作的顺利有序开展。

深入探讨高校国防教育课程评价问题，是推动国防教育学科建设的应然要求。但课程评价是一个复杂的系统，还有诸多问题需要我们去解答，比如评价模式的认定与筛选、评价主体的组建、评价功能与价值取向的定位、评价指标体系的确立以及评价结果的解释、评价信息的反馈处理，等等。

# 国防教育通识课传统教学和"慕课"教学的比较

## ——以黑龙江大学"东北亚安全局势"课程为例

尚晓军[*]

**摘　要**：文章介绍了"慕课"的特点和目前国内高校使用的主要"慕课"平台，并以"东北亚安全局势"课程为例，通过对学情总览、学习轨迹跟踪分析、课程反馈比分析、期末成绩等教学参数的对比分析，得出在信息化社会大背景下"传统教学"和"慕课教学"相辅相承的关系，同时提出了"慕课"是课不是"大片"、小制作也会产生大效益和"慕课"的标准化是保证教学质量的前提的建议。

**关键词**：国防教育；传统教学；"慕课"教学；比较研究

国防教育是建设和巩固国防的基础，是增强民族凝聚力、提高全民素质的重要途径。为落实国务院颁布的《国家教育事业发展"十三五"规划》中"将国防教育纳入国民教育体系，充分发挥国防教育的综合育人功能，丰富学校国家安全教育和国防教育内容，创新教育形式，提高国防教

---

[*] 作者简介：尚晓军（1960年—），男，汉族，中共党员，研究生，教授，现任黑龙江大学国防教育学院副院长兼武装部副部长。

育效果"[1] 的精神，提高国防教育效果，我校继国防教育课程网络教学之后，将"东北亚安全局势""武器和战争的演变"等国防教育通识课开发成"慕课"（MOOC）供学生选修，以拓宽大学生的视野。

近年来在教育部教育信息化建设的引领下，各大学"如火如荼"地进行"慕课"建设，大手笔频出：一门课程投入10万是标准，20万是重点；租电视台演播厅三机同录，请专业制作公司后期编辑等等，力求大制作吸引学生眼球，达到提高点击率、高选课率的目的。那么"慕课"有必要斥巨资吗？"慕课"的标准是什么？"慕课"还"慕"吗？传统教学与"慕课"教学哪种方式更受学生欢迎？为此，笔者将"东北亚安全局势"课程设置成两个班：一班为传统教学班，二班为"慕课"班，以期对传统教学和"慕课"教学进行比较研究，并提出建议，为各位同仁"慕课"制作和教学提供参考。

## 一、"慕课"与"慕课"教学平台

众所周知，"MOOC"中的"M"是英语"Massive"，翻译为大量的、巨大的。"慕课"最大特点就是大型的开放式网络课程，即"Massive Open Online Courses"，它与传统教学具有本质的区别。传统教学是"以教师的教为中心、以课堂为中心和以教材为中心。作为课堂教学核心的教师实际充当着知识的拥有者、传递者，学生学习监督者的角色，在整个教学环节和过程中，起着决定、支配、灌输的作用"[2]。而"慕课"则是在线课程，被誉为"印刷术发明以来教育最大的革新"。与传统意义上只有几十或几百名学生的班级授课制不同，一门"慕课"的学习者往往多达数万人，甚至十几万人。其学习不受时空、年龄、国籍限制，无需入学考试。学习者只要有兴趣，凭借互联网，就可注册学习。"慕课"使人们在任何时间、

---

[1] 《国务院关于印发国家教育事业发展"十三五"规划的通知》，2016年1月19日，http://china.huanqiu.com/hot/2017-01/9983984.html。

[2] 张韵姣：《慕课与传统教学模式的比较研究》，硕士学位论文，内蒙古师范大学，2015年。

任何地点都能学到想要学习的任何知识。

目前，国内高校一般使用"中国大学 MOOC""智慧树"和"超星泛雅"三个"慕课"平台进行教学。"中国大学 MOOC"是由网易与高教社携手推出的在线教育平台，向学生提供中国知名高校的 MOOC 课程。各高校老师通过选题、知识点设计、课程拍摄、录制剪辑等9个环节制作，课程发布后老师会参与论坛答疑解惑、批改作业等在线辅导，直到课程结束颁发证书。"智慧树"是目前全球最大的学分课程共享平台，在国内拥有超过1900家高等院校会员，覆盖超过1000万大学生实现跨校课程共享和学分互认，完成跨校选课修读。其独特的"平台+内容+服务"三位一体的业务模式，通过观摩和分享名校名师的优质课程设计，帮助教师完成教学发展培训，协助教师建设新课程，实现教法改革，促动本校教学产生内生动力。

笔者的"东北亚安全局势"课程选用的是"超星泛雅"作为"慕课"平台。除我校使用的"自主学习平台"是"超星泛雅"设计的外，还因为"超星图书馆"与"超星泛雅"无缝连接，教师和学生可以使用海量教学资源，这是其他"慕课"平台无法达到的。"超星泛雅"通过其教学互动平台、学校管理平台实现教学互动功能、资源共享功能、移动学习功能、教学门户的建设，达到教师能够进行课程建设、教学监控、资源共享、学生能够自主学习的目的，并实现所有数据的整合，最终建设成一个理念领先、技术先进、国际化特色突出的网络教学中心。

## 二、传统教学与"慕课"教学参数分析

### （一）学情总览

"东北亚安全局势"课程分为两个班：一班为传统教学班，课时30学时，1学分。传统教学班教师课堂授课，为能与"慕课"班有对比参数，笔者要求学生使用"慕课"系统网上拓展学习内容，共设置14个任务点、14个学习视频。本课是公共通识课，全校共有22个学院的90位同学选修了本门课程。学习页面的访问次数达到2184次，人均访问24.3次，课程内容的线上讨论达到77次，人均讨论0.9次（参见图1）。二班作为"慕

课",开放式学习,没有学时限制,同样由14个任务点、14个学习视频构成。要求学生在16周内学完观看视频、网上作业、网上讨论、网上考试。全校共有23个学院的194位同学选修了此门课程,学习页面的访问次数达到10836次,人均访问55.9次,关于课程内容的线上讨论达到1059次,人均讨论5.5次(参见图2)。

从上述学情总览中人均访问次数大幅高于课程视频数分析,反映出课程内容具有可观的实用价值,充分调动了学生的学习兴趣,保证了较好的学习积极性。"慕课"班学生的自主学习能力得到锻炼,碎片化的教学方式更利于学生掌握对应知识点,课程运行效果优秀。

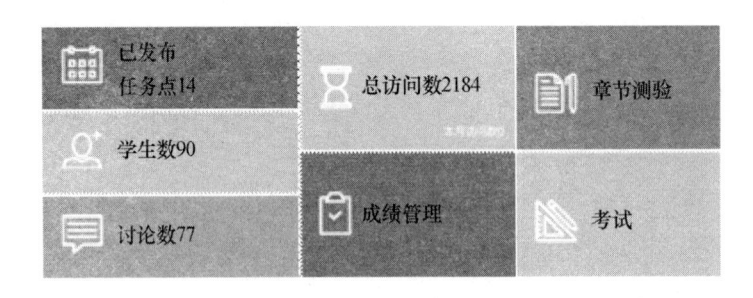

**图1 一班学情纵览图**

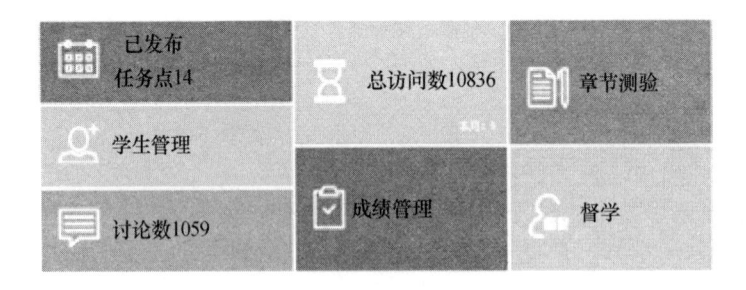

**图2 二班学情纵览图**

(二)学习轨迹跟踪分析

"东北亚安全局势"一班于2016年9月9日开课,二班于2016年9月3日开课,二个班课程均结束于2017年1月3日,统计日期为2017年3月

3日。根据"超星泛雅"后台访问统计结果,传统教学班每周上课一次2学时,教师课堂教学中循序渐进讲课,学生学习兴趣不断被激发,教学第15周(2016年11月28日—12月4日)达到高点,随后进入复习考试阶段,12月20—25日学生进入网上考试阶段访问量再次活跃(参见图3)。"慕课"教学班学生以自主学习为主,采取视频教学、教学互动、资源共享、移动学习等方法学习,教师依课程进度按章节每周开放一个学习内容,学生自己安排时间学习。经"超星泛雅"后台统计显示,学习页面访问次数比较平稳。12月2日—12月27日之间是"慕课"班级考试时间段,教师三次发通知提醒学生完成考试,出现了三次访问高峰(参见图4)。

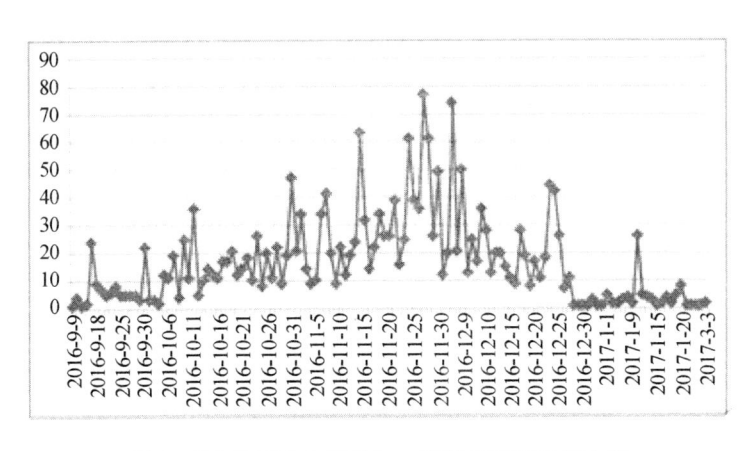

**图3 "东北亚安全局势"一班学习页面访问次数**

(三)课程反刍比分析

反刍比作为在线教育平台的关键参数(反刍比=学生观看时长/视频长度),可以直观体现学生的自主学习能力,较高的反刍比代表学生对课程内容具有浓厚的兴趣,通过反复观看教学视频,巩固自身对课程知识点的理解。

"东北亚安全局势"课程的视频对于传统教学班的学生不要求必看,而"慕课"班级的学生则是以观看视频和阅读文字为学习方法,要求其不但要看而且知识点要看懂。为此,笔者在视频和文本中插入了知识点,测

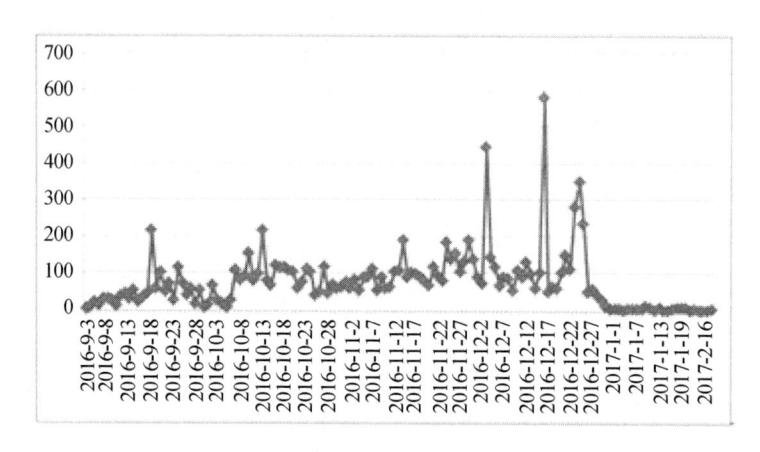

图4 "东北亚安全局势"二班学习页面访问次数

验学生的学习效果。从课程的反刍比曲线图看（参见图5和图6），二个班学生的整体学习状态良好，保持了较高的反刍比，反映出学生对课程知识具有较浓厚的学习兴趣和探究欲望，更有利于知识点的深化掌握。

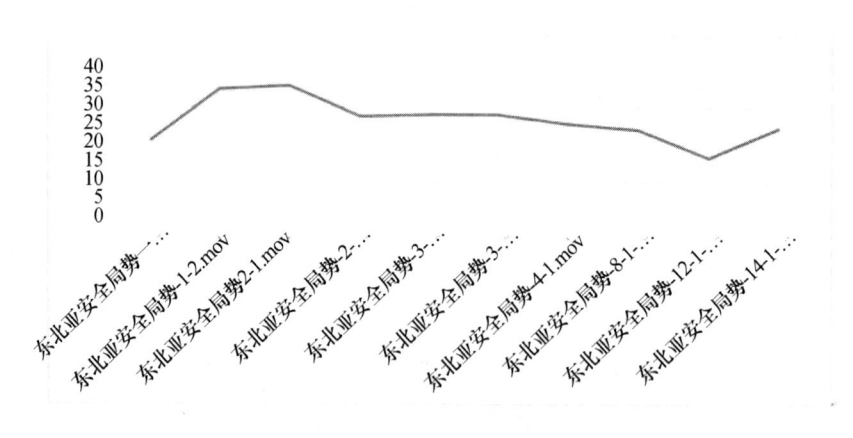

图5 "东北亚安全局势"一班反刍比曲线图

（四）期末成绩

"慕课"考试总成绩100分，记录成绩80分（参与讨论另计）：观看视频（40%）+网上平时作业（10%）+网上考试（30%），参与讨论

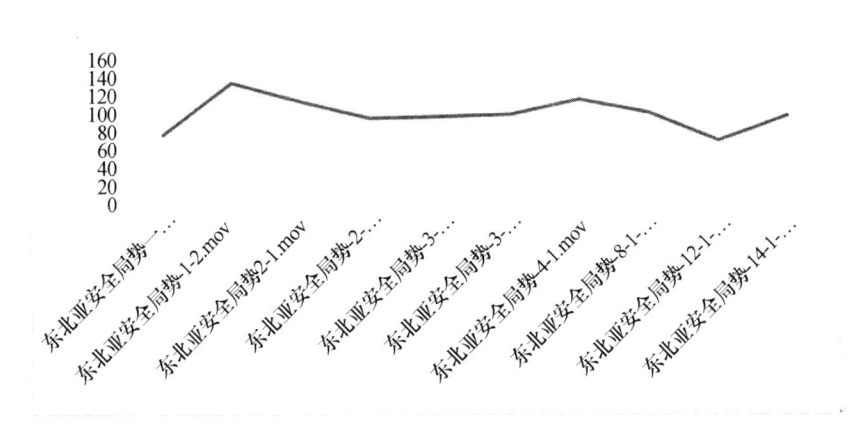

图 6 "东北亚安全局势"二班反刍比曲线图

（20%），此成绩另算以提高学生参与率，故综合成绩分布图显示最高80分（参见图7和图8），综合成绩60分以上为合格，可获得该课程学分。为了能够将传统教学与"慕课"教学比较，笔者要求一班学生与二班学生同样观看视频、网上完成作业、网上考试、参与讨论，不同的是一班学生网上综合成绩折合20分计入总成绩。从考试成绩设计和要求看，由于传统教学考试分数折合后的比重仅20分，故没有引起学生的重视，且传统教学班的学生不适应网上考试，获得20—30分的学生占49%，70—80分的学生仅占6%。"慕课"班的学生开始学习直至考试均在网上，成绩分布50—60分占37%，60—70分占35%，达到了学习的目的。

从上述学情总览分析，我校乃至于各高等学校对校内学生开放的"慕课"还不能称其为真正的"慕课"。"慕课"要求学习者不受时空、年龄、国籍限制，无需入学考试，注册人数往往多达数万，甚至十几万人。笔者的《东北亚安全局势》课程共有190人选课，与几万、十几万的人数相差甚远；从学习轨迹跟踪分析、课程反刍比分析和结课成绩对比分析，"慕课"教学班学生是以自主学习为主，采取视频教学、教学互动、资源共享、移动学习等方法学习，教学中教师三次发通知提醒学生完成考试，出现了三次访问高峰，说明学生自主学习主观能动性尚需提高。

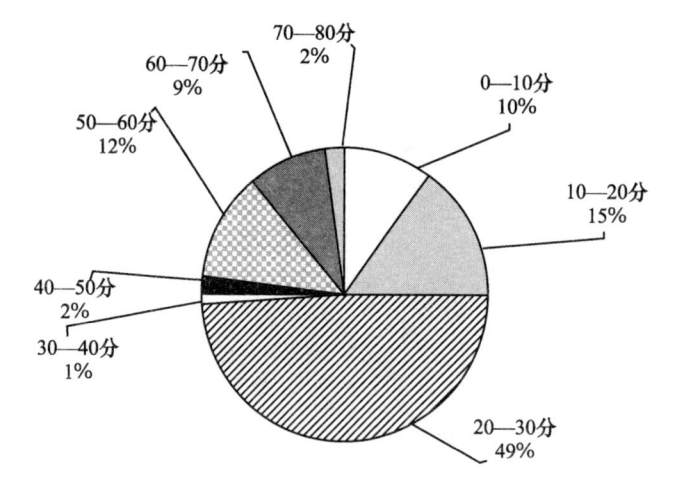

图7 "东北亚安全局势"一班综合成绩分布图

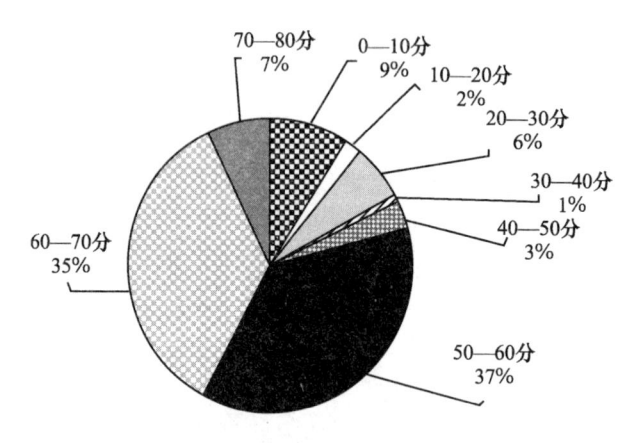

图8 "东北亚安全局势"二班综合成绩分布图

通过与学生座谈、教学过程监控、期末学习成绩统计、结合课堂教学的实际效果对比分析，笔者认为传统教学也好，"慕课"教学也罢，两者的中心离不开教学，目的只有一个：把受教育者培养成为一定社会需要的人。整个教学活动的构成和流程是相同的，包括教师备课、授课、学生学习以及作业检测和教学评价等环节。在信息化社会大背景下传统教学和"慕课"教学是相辅相承的，传统教学需要"慕课"的网上内容补充；"慕课"教学需要看教学视频，更需要看教师现场讲课——解决的方法是直播。而那种"慕课"将使"传统教学"灭亡的论点也是毫无根据的。

## 三、"慕课"制作与教学的几点建议

### （一）"慕课"是课而不是"大片"

随着全球进入到信息化时代和教学理论与科学技术日渐融合的时代，"慕课"这种"自主学习"的网络教学模式对传统教学模式发起了很大的冲击。当思想、信息、创新成为人们的重要资本，当终身学习成为人们的首要大事时，学习便不再是一个阶段性活动，而是伴随人一生的行为，与人们的生活息息相关。在此背景下，人们的教育需求将日益多元化、个性化。随着"慕课"的出现，非正式学习、移动学习已经成为了日常生活的一部分，而许多高等学校对于慕课的认识停留在"高大上"的阶段。在教学内容上却没有新思维、新观念、新表现；在教学形式上停留在PPT教学、喀秋莎软件录屏、视频软件编辑嵌入讲课录像的模式，"慕课"内容不能调动学生的学习兴趣。

### （二）小制作也会产生大效益

所谓"小制作"是相对目前大多数"慕课"制作而言。目前"慕课"制作的基本步骤是："慕课"制作的准备→"慕课"制作的内容设计→"慕课"制作的录制→"慕课"制作的编辑。而一些研究"慕课"的学者则主张："从上述慕课制作的全过程看，单独由授课教师进行慕课制作将很难实现，无论在材料收集、内容研究以及技术手段应用等方面，都要求有相应的后援队伍作为保障。所以建议高校在进行慕课制作中成立相应的慕课工作小组，由授课教师、信息技术教师以及其他助教通力合作，并给予团队一定的津贴，以此激发团队开展慕课制作活动的动力。"① 笔者不反对大师、名师的课程花巨资"大制作",但一些学生喜闻乐见、拓展学习知识的通识课程则应该采取"小制作"的方法完成。笔者的做法是:办公室墙上挂一块蓝布,本人站在蓝布前,面对 3 米外的 Canon 5D Mark Ⅲ 录制一段视频,将其导入苹果 Finalcut Pro 软件中编辑、抠像,换上事先做好的背景图,输出 H264 格式视频,上传到"慕课"平台。笔者在"东北亚安全局势""慕课"教学时正值特朗普赢得美国总统大选,中午胜选,下午 2 点录制,3 点 15 分即完成"特朗普获胜对东北亚地区的影响""慕课"知识点视频。这种"小制作"简单、及时、灵活,深受学生的好评。

### (三)"慕课"的标准化是保证教学质量的前提

标准化是指在经济、技术、科学和管理等社会实践中,对重复性的事物和概念,通过制订、发布和实施标准达到统一,以获得最佳秩序和社会效益②的过程。"慕课"与其他视频最大的不同在于:受诸多条件制约,可反复使用,并按课程规范有目的实施的教学活动。比如,"慕课"的上线,就是由"慕课联盟"课程管理委员从课程建设基础、教师素质、讲课效果、学科平衡、开发条件、总量控制等方面综合审批方能完成,这是"慕课"教学保证教学质量的前提。而对技术标准基本的要求:录像设备使用专业级数字摄像机;课程时长每段视频长度在 5—20 分钟之间,一般以 6 分钟以内最为适宜;视频压缩采用 H.264/AVC(MPEG-4 Part10)编码,使用二次编码、不包含字幕的 MP4 格式,视频帧率为 25 帧/秒;音频压缩采用 AAC(MPEG-4 Part3)格式,采样率为 48KHz;音频码流率为 128Kbps(恒定),双声道并做混音处理等,这是保证教学质量的基础。同时,国防教育涉及的内容包括军事体系、武器装备、战略环境、高技术战争、信息化战争、军民融合等方方面面,内容相当广泛和全面。这就要求

---

① 张闻语:《关于慕课的制作方法分析》,载《教育教学论坛》,2016 年第 32 期,第 221 页。

② 标准化,百科,2014 年 5 月 15 日,http://baike.so.com/doc/3459240-3639879.html。

我们在"慕课"基础建设中，自觉遵守技术规范，在"慕课"上线和教学过程中不断优化、反馈、修改，选择最佳内容。因此，国防教育"慕课"更需要规范化、标准化建设，通过国防教育"慕课"标准的制定、发布和实施，达到统一的目的，获得最佳教学和社会效益。